Nora

Christmas
WORD SEARCH

1200+ Words | 100+ Puzzles | 3 Levels of Difficulty

Welcome!

Welcome to Christmas Word Search! Curl up with a cup of hot cocoa next to the fireplace and delve into this festive word puzzle book that will be sure to get you in the holiday spirit!

Directions: On each page you will find a word list of winter and Christmas related words underneath a word puzzle. Your task is to find the list of words from the puzzle above.

Levels: The puzzle book is divided into three sections with puzzles ranging from easy, medium, and difficult.

Word Directions: All words can be found horizontally front and back, vertically up and down, and diagonally in both directions.

DRAWKCAB — FORWARD

P
U

D
O
W
N

Happy Searching!

Easy

Winter Weather

```
D I C K K G K I Z R X P S O O U W Q D R
I C X O P X L K B X E O V N J Y C P W G
X Y G D L F H A V T R L W M C R U F O F
B P D B P D P L U Q Q A B I K F X Q Y W
T R V L B B S J V E Z R K S P F O I U M
J E F I O J B N Y G N V P Z G R E N R F
F C F Z M L H J A X B O B H T Z B O V O
R I Y Z B W M P F P L R P Q N P T L O C
E P F A C I I U N F A T D E G S D L Y J
E I Z R Y N O D M F C E B O W F Z E P I
Z T J D C T P J M T K X N O M T U Q X P
I A U L L R J A R K I T N G E V V D R P
N T L P O Y K D P H C S C F R B F O V H
G I X P N M O Z K X E M W U J N J I M P
R O W R E I I B T M Q K D S N O W Y U X
A N X C X X J C A R C T I C B L A S T W
I D G C A J B B K Q U V C W O M Q E P H
N X W I A L F G I F F M W N K P J H P T
D G K H M H U D C L O E Q S M N A J X W
R B O B V C U L Q I W T G J M U P P G W
```

BLACK ICE	BLIZZARD
BOMB CYCLONE	COLD SNAP
FREEZING RAIN	ICY
ICY PRECIPITATION	POLAR VORTEX
SNOWSTORM	SNOWY
WINTRY MIX	ARCTIC BLAST

Types of Christmas Trees

```
V R O N O R W A Y S P R U C E R U V Q W
E Z A F K N X W H I T E P I N E U N A Q
A M V S F K T O U V U L Z D B F S T U K
O N F O Z S S O P B V I N E N A V S Q L
U I Q X P L V D E G I A M F T O Y V D U
A D U W L M N F R M R A E N R Z B O N F
N H Q O I T O O P G G N B P A V W L D U
X H J T J S L W W V I F L B A A A I E O
M H A L L O Z A K P N A I L H G X G G P
I O E N C Z T U H U I W X U E B Y Z D W
S F D N P U N C J B A F U E R W A S P F
Y X O W G M T V C H P R X S Y Y Z U J T
V C U D P O F M X E I A N P J B M E L M
N V G Z C C Z B O L N S I R Z A D V N U
Y B L S V A T R B S E E R U Z L V M B Q
I A A B I N I H B C O R F C A S H Q A V
A Z S C E A J L U K B K E E M A Q W E X
T T G V X A U J V E K Y F N D M D C D R
F L M V A N U P W O F T X W G U A C D M
X M L W M U U I E W K K C G S D N X F E
```

BALSAM	BLUE SPRUCE
CANAAN	CONCOLOR
DOUGLAS	FRASER
GRAND	NOBLE
NORWAY SPRUCE	SCOTCH PINE
VIRGINIA PINE	WHITE PINE

Santa Claus

```
T X D V P T M H M Y F V W K L P U H E D
V G Y F A T H E R C H R I S T M A S T Z
S Y H C H R I S T M A S E V E F H R Z B
N N O N F H A P D M E Q Q K G R A N S Q
A U H O R C F X F A S K N T H B P S A Q
B Y O N W Q D M F U Y K O O A V A R N Z
H Q H H T S B Q A C S B R T W G G D T J
O F O O N A A L H U S M T Q Y I W L A R
I J Z G Z W C I A U M M H U N B A J S D
H T K P D S N L N Q W V P P S S W L H E
V C S Z R O C I H T K N O F G L L F E T
E U F M L A J D C V N Y L V F E N Q L I
F A I I T B N I D E T I E O F I H S P Q
T M N N C S O I K H K X C G W G I R E Z
G T A D O Q R G G O A Q T H L H J U R O
G S C Y U N L U N S P J W Y O Z M F S F
Q E I K M G A F F P X M B O V L H I J K
T G H Y G N U N O G Q D V V Q K A X G D
K T V T R E I I R N Y D P Q D M V S I I
M Y J B F D D P H A N A E L V E S F D X
```

CHRISTMAS EVE	ELVES
FATHER CHRISTMAS	HOHOHO
MRS. CLAUS	NAUGHTY
NICE	NORTH POLE
SAINT NICHOLAS	SANTA CLAUS
SANTA'S HELPERS	SLEIGH

Santa's Reindeer

```
F J W N N P U E L C F Z P M D K V C L S
Y I V J C G N O S O U S S C E V F D E X
R M X C X E H W J S T P Q E R L F M G O
R K S G Z C Q V G N V P I K V Z A R J H
S U X T J F X M O E I A V D K G U Q E P
B S I C D O X E F Z X A K H R D L H V B
T L H X G N W C Q Y E B R E A A J C H B
B S Y T E G B R R C N P E E K N D W U Z
B P K M N U X T N X U D S W R C A Q R Y
A N R K D V E T Z D N O L Y Y E S M U H
I U A Y D M Z K C I N Y I K N R H R D K
X V Y N O G J X E D F V C T N K E F O J
K T X C P X T R E A J C S H W P R Y L E
I P R A N C E R K W J S M Z H X X N P X
D I B M F L D L K Y D I P T D D J F H S
L R Q J F N C W D O N N E R M K J Q S L
Q N D M X W E F G L M M J T R I O U H I
R E I E C R A S Q N E Q M W V B Q A G N
I N E L B I A U S L E I G H B E L L S Y
Q P P G B Z R N Q A I B S U N N Q P F U
```

BLITZEN	COMET
CUPID	DANCER
DASHER	DONNER
PRANCER	RED NOSE
REINDEER GAMES	RUDOLPH
SLEIGH BELLS	VIXEN

Christmas Eve Traditions

```
V I G M A V C K D P P X S S I L E N T U
C I X J Q U I E T X C M Q N C K Z J B M
W M F I C F F I R E P L A C E P N E Q V
M M M O E M A V R I S P Q U S L X T W Z
H R I H L R O O F T H R N T X H D Q O G
T W L U E K N D L U A S H W H B R T K D
Q K K I N V O Z X U B S Y Y B G A H M G
A O A Y Z V E B W H I S P E R K T D L V
V N N J L Y R Z H Z Y G L F M Z I I Z I
X F D J U S P T P U T G A I O U P V V L
S U C E Q P U H A P P I N E S S T Y E M
M H O E P J F W O J P F U W X C O T V Z
B W O L M L K Q Q M T W U A N H E Z A Y
Y A K T G Q V N Y P A Q M O G I R X R I
U H I T P J J S F C C G G C G M V Z I T
B N E R L R A R Q X Y U I L P N G O T P
Q W S F R T P G V C D F J C O E Q D Y N
I H R K N Q L A R S K D J Z A Y E H V B
E A A A A S T P A N L O D M B L F U C J
D F F S B F V X F X M R M G H V L F A T
```

CHIMNEY	EVE
FANTASY	FIREPLACE
HAPPINESS	MAGICAL
MILK AND COOKIES	QUIET
ROOF	SILENT
TIPTOE	WHISPER

Dog Sledding

```
O W M U A P S I Q N Z S L T E Z S N F X
E F F L B X V K S W X D I J M Z O Y X Q
X Q Y J S W Y J N W I Y R B D Y T V X P
X F Y D T G F P A Z D L P W C U E B P B
K G O U I A K Q T N D U D S N U G V D R
B S Q K C S V V U W P J O E L Q L N H A
S A Y T P X T B R U U R N M R U P A G K
W S U G R H E A E X V R U X I N B Y L E
X N K T Q C M V N E T Y S F Z N E U R S
D M A L A M U T E C S L T U G B B S R Y
T H L R Q J D L G X E J M T R Z E F S S
I E L D R H T C O L L A R K X V O S L T
X H A S X C R J V N D I N K G H S M B E
H M Y M T S N N G S S B H F Y E L J P M
A D O G S P O H V F H J Z W N U L A P M
C A L A S K A N I V V Y O Y R L Z Q G Q E
E W A O E I U D M R K K A N N K Y C D L
L P A P S Y K A T T D H L E A S H E S K
X T U J L D K R U N Z J H D O G Q T Y T
Q F M X K V I A J K R A C O G E J M U P
```

ALASKAN	BRAKE SYSTEM
COLLAR	DISTANCE
DOGS	HARNESS
LEASHES	MALAMUTE
NATURE	RACE
TEAMS	WILDERNESS

Glittering

```
G X E D R R D T D Z O A N X S G L C H M
E L V L J A F F Z Y K F K E G N Q B P K
W X I L O F C X D S E A B N S Z F B E F
L W R M Y Z S L E C D F I S J L G Q O M
G R D G M W L V V M W T B S F O Q T P J
E I P L B E A B V M N L Z H H O A O F N
Q S P I G M R C X I V D N T M J U J P K
S C K S M M L I L F J Q G I M Z G D X E
S I X T V O X G N A L N D G G V L D B N
S N D E C O B U B G I A N Y N J Q T F C
H T A N O C Z F Y N S I S J G D X G L P
I I Z I X W L W I W L Z I H S S N D I L
M L Z N K S D H B K U S R M I I X K C T
M L L G Y N S V N T K T M L L N O I K S
E A I Z B Q S I Q A I U G K G O G V E M
R T N O C A W W I K C X R B Q N S I R Q
I I G Z K T H Y W H U A R Y Y R K G I X
N N J G P V R X U A P J R Q X Z L T N U
G G W G E B S N W S U Q A I U V U K G Z
O I R F B E D A Z Z L I N G R Z R B A C
```

BEDAZZLING	DAZZLING
FLASHING	FLICKERING
GLIMMERING	GLINTING
GLISTENING	SCINTILLATING
SHIMMERING	SHINING
SPARKLING	TWINKLING

Singing

```
P L K X P F Z I N N D W F R F Z N D F X
R U S V G U E Q L Y B K L S P U S J G S
Z O B B M W L W R M O B K Q H O L S L K
T C M Y V D L M A D R D G Q Z O U R M W
E B Y U D F F C V N Q S E W N H L T E H
I H J S G N L E A A P O Z L K Q L N L A
M K V H K M W O C R L W Y F Y L A U O H
B X O A S J A C P D O M B E V D B A D Y
D G C R M K R S H F A L Q C H P Y V Y Q
K D A M E A B C P C Y W E Y T L U G Q Q
J C L O V X L O W C V G H R F Z A V Z B
V M I N E L E T R I L L J I K J U U G H
J S Z I J D J F I H Y M N H S F R E R N
J H E Z N X S G K R X R E T L T D N U C
O R T E M J S Y Z U P R Y X Y A L R D T
P B U N X H F C I C N H H H N B A E Q O
H L G I A P Z M V J K G Y E D L H D V R
T L R M Z V H U M M V T R R R K P Y L R
F Q X D Q E D M K D P E C W V Z M X Y P
S W D W X E D Y X Z S V T K A P Q J A J
```

CAROLER	HARMONIZE
HUM	HYMN
LULLABY	MELODY
SERENADE	TRILL
VOCALIZE	WARBLE
WHISTLE	YODEL

Warmth

```
Q F P Z U D G M B M X K B T A G U M B A
F K J R Q J P X N S S B M O D F S L K F
Q D D O T D J R T C W F H I P U R X N L
U N B B W D K J O Y K P N A Q R R I U A
T W A C L B E R V P S Z C X E N N O T N
B T V T K T O P H H A W Q H Q A A O R N
W Y U N U T H V D S R N S N Y C J E N E
R J A X A R M U Y F E U E B D E T O U L
M B X I R W A B U N D L E U P R I C X S
K K D H T T R L P Q F L U Z O T H V P H
A A P C F G V Y G W A Y B F A Q L Q Z E
R A S K H P M U Z A V F M L A U T Z X E
V X V D F H M X X N S O U O Q L E G D T
M W K U O E M V Q J C S V Z I R S Y O S
X V H V U A H F C W N P A U R K J R T L
J G P E B T Q P I I S C Q B L A N K E T
N Y E T E E H W V Z O D A Z X M K Y U Z
R T M J U R A S Y X U D I G B W C V E M
I R O E M S W T K M V X X W U O J I F W
J B X S M P J G G W F H V A O U U Z K D
```

BLANKET	BUNDLE UP
COMFORTER	DUVET
FLANNEL SHEETS	FURNACE
HEATER	INSULATION
NATURAL GAS	PROPANE
QUILT	RADIATOR

Cozy Clothes

```
N V A R Q B J M O R P G O N J F M O R X
Y M H Y C S C Q E J Q E E C Q C L T Q X
K N D G S I S N T R N A W Z S A B X Q F
F V B T H V W P S D I T J F H R M C L Y
Q B O G T O T G D I S N H U W D M B U H
Q O P S D Q N T P V O L O R E I J X C H
B J A G R I E W C Y C D L K D G E V V Y
V I P U G O F M X G K A S W H A T M B K
L W Z G N F Z I C Z S G E N C N Z S O T
R Q E S B L U B G P F G O H N J L F Y F
V L N T I A X H J U M P S U I T H O Q T
Z J C B A N N U C C O V E R A L L S B X
D M L B B N M U Y A K L O N G J O H N S
G T I Q B E M G L F S Q T Q X E Q X I X
Y R W Z D L U I W L B H P E Z E Q T M W
Y K P F Q S D K S E C H M G J S U R Q X
R P Y M V H N G E E I F W E I L G B S L
X G O K U I H B N C Y X I O R K M F U Y
Z J V Q J R Z C P E G B G E B E N H H J
E X H N N T K N C P Y F U F S D P I R S
```

BOOTS
CASHMERE
DOWN
FLEECE
LEGGINGS
MERINO

CARDIGAN
COVERALLS
FLANNEL SHIRT
JUMPSUIT
LONG JOHNS
SOCKS

Festive Foods

```
Q K O T N X U C J L I P K M L V G R S T
I O Y I Q A M U P B G Z V I L I B O V S
C H I C K E N N O O D L E S O U P Q D J
W Q K V Z C E U F L A T K E S U U I B H
T M A T Z O B A L L S O U P S B K D L J
K J M F G O T K C C N P B U H W L A X Y
D F R S B E A X J A U B Z J D O W C G S
F R R R F T G L A Z E D H A M V H V V Q
M U K B R E A D P U D D I N G Y Q U B A
M I T C D G G W M A K P A R S N I P S O
R T I U J W E V Q Z A A U Z W D W Z A V
J C G D K T J V M T A B S D W H F P M B
Q A K D S Y D Q V I C K H H S H Q R G G
V K F F V C H O W D E R G O H Z V U F C
P E E F W A H H J B D I P O L Y G W J C
W E E V G B R L B I E G O F K C I U M D
B N L I C A N D Y C A N E S D L S D Y Q
F B N F E W D N R S B D C S K H H B P X
C H I C K E N A N D D U M P L I N G S G
Q H B Y U V Z F I G G Y P U D D I N G H
```

BEEF STEW

BREAD PUDDING

CANDY CANES

CHICKEN AND DUMPLINGS

CHICKEN NOODLE SOUP

CHOWDER

FIGGY PUDDING

FRUITCAKE

GLAZED HAM

LATKES

MATZO BALL SOUP

PARSNIPS

```
F T I X C H Z U P T Y G S C M X O D O U Q
S S C R O S S C O U N T R Y S K I I N G N
R M G M J E N K W I Z A X N Z F R Y W C P
P O I D J C H B T P F M R D H A R F G G D
B U V H X T Q A T Q O J O J C Y G C N X E
I N H A B Q K L I N N A H O U I G I U C O
Q T K G U S B V C Y B P A R Y H B K D T G
I A I C E H O C K E Y V W I D M G E X N P
I I L C S X C U R L I N G S I N U W I S U
J N I C X Z K A M I B Y C L I I E D R F E
D E Z B B F G O R U B K C D Q N D L Z F Z
S E J L R O I Z W G L E D O D E L U F P O
W R N I O O G D P W C E F T L K M F K D I
Q I A M O T D F Z I L W F S Q P L M Q S X
Z N L I M B I H X S R U B V A T R N Y O F
P G B Q B A L H G C B O E C V F S Q L E D
E G O D A L C O V R B M Q O M Z L P V C C
H I K E L L D Y O M W U T D Z E Q U H Q Z
J D N S L D S T I V C J P D C J J V G E A
M C D O W N H I L L S K I I N G Q G B E Z
Q X I O Q V P V F U X I X W I B M F S Y B
```

BOBSLEDDING	BROOMBALL
CROSS-COUNTRY SKIING	CURLING
DOG SLEDDING	DOWNHILL SKIING
FOOTBALL	ICE CLIMBING
ICE HOCKEY	ICE SKATING
LUGE	MOUNTAINEERING

Charity

```
P Y X I W Y L V U I L P N W B K L I I T
L W J X F J T M F V R I Y X M K P D P F
J G R J V G W W A G N M V I B T I K O S
P O G S J O Q E L T F C W S U L J K J E
D P Y A D E L D M Z Z R O R J O G H V L
E E I J W B O U S K J G Y D Y S U Z K F
X A E A S M J J N G I T M P B H D Y V L
B Z T N N P I O N T I N O C S M G T N E
K D K E D W K I W S E R D L R U Z O Z S
X V F A S O T Y O V H E T N S U I W K S
S Q P I A F W R D T X U R X E T P L O N
X H J D I S E M N B G A D I A S W M N E
I N E G G N S A E Y G O E N N J S Z M S
X D L R E L L I N N B Y O R Z G X B V S
F U B G G I J Z S M T D X D W M A K R L
J Q M Y H Y W H V T N B B G W Q V M K Z
B M P P I E K N R A O L C T I P I S V
Y D W Q R Q Z N L J Z N K C D N L H P F
R B E N E F A C T I O N C V X B L L H K
L T S U V Z O L M O Q H K E Y A T S Y Q
```

ALMS	ASSISTANCE
BENEFACTION	DONATION
ENDOWMENT	GENEROSITY
GIFTING	GOODWILL
KINDNESS	PHILANTHROPY
SELFLESSNESS	VOLUNTEERING

Fun Christmas Activities

```
O C G M J L A H V O L U N T E E R I N G
N J I O S L E D D I N G Q R E T V N T V
H N L M E L D E C O R A T I N G I I P O
R S N O W T U B I N G N O F Y G F F S W
Z A K E E P Y E I G Z J G Z L C S T K G
X G X P B J Z Q U L Q V G J M T H W I C
T O B O G G A N I N G Q O W T G O G S U
J O Y K Z W S H O P P I N G I N N E K T
O C P B S J Z L G K A A X F S I D G Q W
T F U C A R O L I N G R L G L I C Y D T
I I C E F I S H I N G L N I R T D G Y Q
J G I T Q F R X L S A I B H K J C H H J
N T M N O T K J J B L O G X I Q B I C N
P K O F D N C O W E M I E G V S F C M C
R U C T N Y H O V W E T S S U U C Z T D
S Y W I D L N O O L Q Z P N G S A J O U
D Y D R R S H N S C A L N R B G L N M B
Z Y G C Q S S L D O D O U O I B M M F I
O A Y F W L A D K W H L X N S Z H O O S
L I L R W R A X W H V B W A E A S G R K
```

CAROLING   DECORATING
ICE FISHING   SHOPPING
SHOVELING SNOW   SLEDDING
SLEIGH RIDES   SNOWBALL FIGHTS
SNOWMOBILING   SNOW TUBING
TOBOGGANING   VOLUNTEERING

Volunteering

```
B E Q G E O F C Y G A U P B W E A E J Y
F S C R E T I R E M E N T H O M E O Z Q
D H H O M E L E S S H E L T E R B R W
O O S E Y D N M M H K T K B B Q F A P N
H V N D Q M P P H C O B M R B R P B D E
J P L A X M G N Y B G S E M E O H Y I I
J T I K T H Q E Y I G T P T T A U S S G
A V K R U E D C A Q L J N I W U R I A H
U Z J G X B B B T E R E O W T Y H T S B
E V J M I H N L H G C H Y G R A N T T O
H E V T V T O S O Y W I B A W E L I E R
N Z Z V D Y L M T O U Q R Z H G A N R H
X N S Y U A X I F A D B U C C A K G R O
E C E A M O N H P Q I C T T A N L N E O
V G S I Z U I N Z L C I M G A E X F L D
E H N J M U N R B N K Z G B P I L Q I C
P A H M G N A F I P K I D G D X Z N E L
V D O E F W N Z U Q L O G L M J T I F E
R C W D L K D O U R O G N Z G M K O S A
H C C R C Q S Z V F W M B L C K N Z Z N
```

ANIMAL SHELTER	BABYSITTING
COMMUNITY CENTER	DISASTER RELIEF
DONATE BLOOD	FOOD BANK
HOMELESS SHELTER	HOSPITAL
LIBRARY	NEIGHBORHOOD CLEAN
RETIREMENT HOME	SOUP KITCHEN

Christmas Movies

```
I  W  B  Y  F  D  X  W  L  F  I  H  C  G  S  I  B  H  J  T
L  K  U  F  M  S  S  E  X  V  C  N  T  G  L  W  Y  E  H  N
R  A  Z  J  H  T  F  C  Z  X  E  I  U  G  U  H  V  A  O  D
G  T  S  E  F  E  F  O  G  C  P  D  S  U  Q  I  U  Y  M  I
N  Y  H  T  G  F  Y  W  W  N  R  P  E  L  F  T  M  W  E  F
W  H  U  Y  H  R  D  E  Q  D  I  T  A  T  B  E  Z  A  A  A
H  J  R  C  T  O  B  Y  Y  Q  N  H  C  W  L  C  S  M  L  H
F  O  L  A  F  Z  L  Y  Y  F  C  E  Z  T  L  H  G  C  O  N
T  H  A  A  X  E  U  I  A  H  E  G  F  Q  W  R  K  N  N  U
B  N  S  U  O  N  E  Y  D  V  S  R  H  P  O  I  A  E  E  B
E  N  T  X  V  L  N  V  T  A  S  I  O  N  T  S  Q  B  T  F
I  Y  C  N  T  O  X  I  N  J  Y  N  C  B  B  T  O  G  J  I
I  T  H  R  T  J  Z  W  A  U  L  C  N  E  K  M  P  G  F  G
Z  S  R  I  B  Y  N  B  K  N  Z  H  L  H  R  A  X  N  I  Y
T  U  I  F  U  P  I  W  R  S  Y  C  U  B  M  S  W  E  K  E
M  N  S  X  K  X  N  A  O  W  A  A  A  S  E  S  W  W  U  O
G  A  T  M  E  Q  N  P  B  R  W  I  V  W  R  M  G  A  U  K
A  M  M  J  D  L  R  V  I  L  C  W  C  A  R  O  L  F  L  C
Y  I  A  B  E  E  R  M  I  P  X  L  R  J  F  A  R  Z  M  X
W  K  S  O  C  A  I  L  C  K  H  W  M  J  E  V  L  E  Z  P
```

CAROL	ELF
FROZEN	HOME ALONE
I, TONYA	ICE PRINCESS
JOHNNY TSUNAMI	LAST CHRISTMAS
LAST HOLIDAY	MIRACLE
THE GRINCH	WHITE CHRISTMAS

Home Alone

```
L H L Q D D G P V J W E I V N B H I F O
C M X T U E C V Y W T I M N A O V H J J
W S I J D U H V I E T O Y G Q A S X D W
I X W S R H I L K T G M D T M Z I M K V
T H Z N O D C B J B U B A D W R M C E N
R D F O U Q A E W A Z T J R X B K A K H
G K Y W N Z G K F N E W I W V E N L N G
A X H S J E O L N D H M H C E M A L Y H
T L T H S G L M R I Z S I R D U I I H P
A J F O T A R A N T U L A B P L F S D Z
I Y T V V E X Q L S F C Z C W N K T A C
L Q H E C W Q S O Q O T Y H G H S E Q H
P X G L Y B P S T T E M E M H A R R Y R
Y V H X Q O X L Q X R R O D D C E S A I
Q Q J R C R H A T B P S Y L F B U Z Z S
D O Q C P N H G V L P A F Z L C U X U T
H Z C E N E P Z W B V D K Z H Y H M C M
J B S N B D H W M K W S P Y D E G A W A
J L H K E V I N U A I Y T U S P B B P S
Q Z Q P R Y L N X L M T C U W D I Q O U
```

BUZZ	CHICAGO
CHRISTMAS	COPS
HARRY	KEVIN
MARV	MCALLISTER'S
MOLLY	SNOW SHOVEL
TARANTULA	WET BANDITS

Synonyms for Merry

```
C W E W V Q Q O R R T D S X M V V F V T
O Y T L I G H T H E A R T E D V Y X L P
D Q I Y V F R U H E A Y R T U B Z U H C
I E P D N L Q J D K M E N H Y B W H S A
C H I P P E R Y K O T A B R I G H T P R
Q S Q A C P Y T B Z Y C R R Q N M X F E
O C Z G H D A Q X O Z I Z B C Q C G Z F
M N X A E K T K U P T R J J U Y W M J R
U X X I E R A B W U X B G Y I E K J D E
S B N M R T T M S M I L I N G P L Y T E
A B I Y Y U T Z U A G I G G L I N G L U
D O U C R M Q Y D S C H E E R F U L R Y
A X H V H D I P D Y E C W Z M S B U S P
U V L D K U Q D B B E D L S Q H X D Y I
E L A I N F C R U G E P O T H F X P P A
Y T I Q E D L K S F F A Z J Q W P P P I
K E E Z U T E T L L J R M Y V J S T K J
A N B C A N C N Z I E Y P I M P Q B B O
D E G P H Z T A Q L N I N U N I C Y O L
O O L I P M S P I X O G T T D G B P I M
```

AMUSED,	BEAMING
BRIGHT	BUOYANT
CAREFREE	CHEERFUL
CHEERY	CHIPPER
CHUCKLING	GIGGLING
LIGHTHEARTED	SMILING

Salvation

```
Z E N F W P T K S C I D X D R N E S D C
X T F O R G I V E N E S S E Y D H J Y E
E X Z T Q W B D M M L S F Q X N D L S V
K Z K S Q H L Y S R E D E M P T I O N N
L I B E R A T I O N Q W U L Q Y P U R J
W C Y S Z V K G S P K C R D B S V F F Q
V G M V K N G B A F O R B E A R A N C E
S A L V A T I O N G T C I D P B Z P J Q
O A D E L I V E R A N C E Y F R Q N F N
O D J L U A Q S S M H H G S W P I O U E
M W Y K R I Q B W E N Z N N S I S E I E
I M Z E R P F Z T R E O K L K U Y L V V
V E H N C J A T J C E Y S X F D G G F E
R A B X L N J R W Y K U W H L B Y G F G
D S R Q E Y L G D U H N Y B O D N H H C
U P N Z M L S R Y O X N G H Z I E B B Y
D R S Q E I Z A A P N Q U Q V P A Y E X
T Y N K N X S C O D L D U A Y J Q Q B U
T H Y G C Q N E A K I S S A C Y L A B G
C M V A Y X R K J B R F R Z H U L H S W
```

CLEMENCY	DELIVERANCE
FORBEARANCE	FORGIVENESS
GRACE	LIBERATION
MERCY	PARDON
REDEMPTION	REPRIEVE
SALVATION	SAVING

Nativity Scene

```
R E M T D I E Z E U L T C I D D K D K A
S R B M X Q J Q B T D O G H C M J R X H
O S G G A L E U M Z K A V Y E M U C M V
R I S F A T N S W W P L I F B X Z P N L
L G C A T Y J M R B W V M E Y W G G I H
N U L W B U V O O D J G R W D Q O U X W
T K B O J Q K L I S O R I Y I F O S P X
E Y E P R O V I N N K E E P E R D T E U
X I T H N Y Q Q B T J V H C U F T Z X O
T K H F C E L V K R J E H R S M I X A U
J I L E P G W H H J O S E P H W D V K E
E I E H X E J B O K G C F Q I W I V B Z
P M H V F C D F O G I R H H M Y N W F N
Y A E B R V E K U R D N A R Q B G X E S
N R M Z I V B T R R N I G K I D S H R R
Y Y N D K F Y P O Y S K N H R S I R N A
Q X C V S H G L Q S F I I V E U T D M I
G W Y K M K V N E T D N M N Q R O G M D
D S C P S J K M V S T E F O G L O T Y B
D C I T Y O F D A V I D K O X C E D A D
```

BETHLEHEM	CHRIST
CITY OF DAVID	GLORY
GOOD TIDINGS	INN KEEPER
JOSEPH	KING HEROD
LORD	MARY
MESSIAH	NEWBORN KING

Family

```
A L U X G V X Z N V R J S L C P I K Z Z
I U G U H O U S E H O L D L H E T S L Y
C H N H W I Y N Z Z F H H T U Y T B Z A
V G E W V S B U N I Q Y Z M N N U D Q S
P T R V C H R U V B H V F L E Z O K J G
H V J A L D U A R F O F H R H P S U X V
J U F Y N V S P Y F T L A M R X V E F E
F U T B L D F P B U K P V R O Y D L Z I
T X A T D K F N X Z C W K L T M M N K M
T A N U W G I A B C W A X I S G O G P J
P M M F N Z R N T D N Y R N K N T X T V
L D Q Y T T L A D H W L H E A I H H T I
O N I U F S P C N R E K Z P M E E M N H
T C V D M A F W M D E R E H P C R H M K
T A T X N M T T V E M D Y E S E A L K U
V M A A X L S H L N B O E W C M W Z N F
I A Z J D M W C E Y H S T P X P E M L W
G S S Q E X N T K R R O U H Y V H V E B
D T X Y B U G V M N L M C O E H K L E K
F F I B O C W F R I E N D S C R U D A O
```

AUNT	FATHER
FRIENDS	GRANDFATHER
GRANDMOTHER	HOUSEHOLD
KINDRED	MOTHER
NEPHEW	NIECE
PARENTS	UNCLE

Christmas Lights

```
Q G H P R A U Y N G B C T E W S D I T R
O J E E X U G C A L J H P I T B X N C R
A B W T R E O F U K T A W H P T S B G C
O Y T O Z J Y B D N T U G Q Y T O J X O
F I I C U T F A E G H I N O F O S X R G
Z F B R E K N M N X L C J T P G N B T B
E L R F Q X E I G E C E I Q A H B F Y G
J Z A H J R R J L X U O N R H N J F I U
V S T B U U K C G D R M C S N I G F F B
S S L S S T I O E P T R A P G U E L B V
Y O A A T C F L H L A T N F Y A K K E X
L E E K I G I V Y A I B D V H K B H S Z
M M O X U H B E B D N M E E L J J I W B I
Q B M S D N E I M D L P S L R U K D J O
P W T N M P R X L E I V C Y N I E B I U
L X U W G F G L Q R G F E V B I G S Y Z
M I A F J E L W G G H X N W D D I O O J
N E T R M B A J O M T N T O V R P X U D
T D V C L I S F X R S T K P I R H P M F
R W L G P Y S E X T E N S I O N C O R D
```

BULB	CURTAIN LIGHTS
EXTENSION CORD	FIBERGLASS
ICICLE LIGHTS	INCANDESCENT
LADDER	LED
MEASUREMENT	MEASURING TAPE
SAFETY	UNTANGLE

Fireplace

```
I  C  A  C  I  L  W  A  P  Z  K  C  S  V  Q  M  K  N  X  N
D  C  F  W  C  Z  G  O  Y  A  J  I  M  T  S  I  B  I  B  K
C  R  A  C  K  L  I  N  G  B  H  O  L  E  A  B  U  O  O  J
I  F  R  H  M  V  G  W  K  T  N  J  F  N  I  C  O  A  N  A
A  Z  X  V  I  R  E  R  M  U  M  C  B  W  D  E  K  C  F  N
P  Q  R  X  E  Q  M  R  M  Z  X  V  S  C  V  R  W  O  I  K
R  A  Z  B  Q  G  A  P  Q  W  I  C  M  O  L  Q  I  B  R  L
G  G  Y  Z  O  W  N  J  I  E  N  U  E  Z  Y  C  V  E  E  G
N  L  O  W  G  X  T  Q  X  T  J  U  N  Y  R  U  H  Z  D  P
D  H  O  I  N  R  E  E  B  A  I  A  C  T  O  H  K  J  M  V
R  X  T  W  J  J  L  J  D  Y  D  N  C  P  Z  O  A  S  C  E
I  P  U  U  I  F  L  A  M  E  S  W  D  A  V  H  J  C  O  B
F  F  L  B  V  N  O  U  O  C  F  M  M  E  S  T  F  M  R  S
I  O  P  C  B  J  G  P  B  P  W  I  V  P  R  F  D  N  H  H
H  P  S  I  U  F  S  Y  B  H  C  Q  W  X  X  Z  K  D  E  H
R  P  A  B  Z  B  N  X  Z  X  M  Z  R  O  Q  Q  T  V  A  S
L  V  Y  X  K  Y  Y  U  P  C  Z  A  X  L  O  F  A  W  R  J
K  O  J  I  B  Z  R  J  A  V  E  T  C  B  G  D  U  J  T  H
J  L  W  W  U  I  Q  D  N  T  P  U  B  Y  U  H  V  E  H  N
R  Q  U  R  D  K  V  M  Z  W  O  G  P  U  U  W  E  T  Z  P
```

BONFIRE	COZY
CRACKLING	FLAMES
GLOWING	HEARTH
KILN-DRIED	MANTEL
STACK	TINDER
WARMTH	WOOD

Warm Soups

```
U Y R D T O R T E L L I N I S O U P C L
Z Y M O W F B M X E Q Q H N C R C Z S H
A F U X A M M C J Q X O Z F Q E K G P C
S M S B R S C M I N E S T R O N E R L O
P H H M R Y T Y Y O B L Q R M E J O E C
A N R E J O S E I D K I T A L Z H F M O
R D O X C L C A D R N B Z D Z N Q F O N
A C O I B V V C B S T H O Q R I B M N U
G A M C M W E U O U Q O T S M G R S C T
U O B A A R D G P L N U J V W S P W H C
S P A N X O C H A N I I A S W H A D I U
P S R C J M W B E N B C W S H X D I C R
A W L O P F E K J Q R O H C H A S U K R
R C E R E R C C M X P A R E J R P R E Y
M T Y N A I B B E V X C M S E H F V N L
E B V B H D B K S L C G C E C S H N O E
S N W C H T T I L M C F U S N H E M R N
A A C B F G T E L K Z I M O C S T J Z T
N G E G A V X P J J D V X E V Z O L O I
K M Y U E J Q H O W C U X G H X L L F L
```

ASPARAGUS PARMESAN	BORSCHT
BROCCOLI CHEESE	CHICKEN NOODLE
COCONUT CURRY LENTIL	LEMON CHICKEN ORZO
MEXICAN CORN	MINESTRONE
MUSHROOM BARLEY	ROASTED SQUASH
TORTELLINI SOUP	VEGAN RAMEN

```
J R A A K S W B U J Z V X H R Z A P M J
G I L B C X M E A N O N E X L O U X N H
J H N I U E M Z X M W C D S V L K M Q K
J T Y G T Z R J D P F S J N O L L O Z U
Z D M V T Q O B A Y P T R A U W O U V C
I F B P L I W F O W E O R P Z F K N O C
C S O G I W N V T E V L V M Z D J T K C
Q Q T C V G H G J L T E M R D C G C A E
E M E H R D U O L C A U B O I I K R C F
M H E K R X J W H E C X H T R B U U I V
R L A L B E X Q B A R V R T G N O M N F
K J F V T T E R X L S S C E T O N P D M
J B W S N T E T L I Z H J N C R M E Y I
I P P Q U X T R I C Q P U U E G A T L C
Y Z E L F Q K L B M F I R T C L X N O R
Z U V C I F R U V K E H Y X W G D S U A
H F L O O F O O B E R S D Q A G J K W O
L W H O V I L L E I C T U L E L T J H H
J S N Y O K X Y U Q W B T A V J M O O Y
G L A M S B K I M D Y T Y O D P Q C C C
```

CINDY LOU WHO	FLOOFOOBERS
JINGTINGLERS	JURY DUTY
MAX	MEAN ONE
MOUNT CRUMPET	ROTTEN
STOLE	THREE TIME
WHO HASH	WHOVILLE

Nighttime

```
U F L P W J E E C D Q S K M M L T M A D
X Y Z H F X P D F P U I C S Y S A H V H
U X R S P V H F T D Q Q B H C T U V H B
C L A P Z E F G R T K V S O R A N H Q Z
S G K X C R G Z I F U N N O O R F P U T
S E D K Z K N O K I O G C T L R Z L U J
J E X A S F P N D P N B L I Z Y E M D C
B A V Z R H U B N I X V B N C F M W U O
A L V E H Y Z T D M P S Y G U I K T S N
N F A D N A R N B O W U V S H T K B K S
I E T C J I W Z F O N N P T E Q S I I T
G H V I K D N B G N V S K A O M K E N E
H Z T T P N P G O L U E V R N I S T E L
T J F J K I E O G I U T J S W D A G S L
F O U M D D M S E G Q R Q V V N Z R S A
A D Y N U S J O S H N B B P K I I L A T
L K Z N Y R B K O T S B Z G V G U R G I
L X B I B G Q M S F L C V M O H J N G O
Q S K D V J G I W D M E F N C T U L S N
U O N J X O T W I L I G H T A O K L Q S
```

BLACKNESS

CONSTELLATIONS

DUSKINESS

EVENING

MIDNIGHT

MOON

MOONLIGHT

NIGHTFALL

SHOOTING STARS

STARRY

SUNSET

TWILIGHT

Types of Nuts

```
J F F M Z O A Y Y U M C S W G N S I W Q
A S P I I M I S P Z J R N K B X Z W W I
N S Y U F Q A V A J Q B U T Q Y E A H X
A P Q B O G P C L X I H A Z E L N U T S
P K E G X H C I A J J D V R S X N W T L
T P P C J I K Z N D T S F Y O Y Z A S M
U I W I A Q D F E E A K G Y E U I L U P
F S B Q L N B S V Q N M P M Q L V N B U
H T S Y B I S I R Y V U I E O J K U P E
S A Z C B K N I Y G J P T A A X G T U M
B C C I Y U M U J W Y C P S N N I S O X
R H W R K O X Q T Q E H L M C U U D X K
A I D V L T K M I S I E M Z A T T T I R
Z O Z P Y T Q N F H V S D G S S O S S S
I S D Y H F O D L V S T Q A H Z O G T X
L X A E A L G J U K J N G K E U F X M Q
N I U H A L M O N D S U P N W A E Q O X
U L N C J T A Q K V E T Q J S X H I F B
T G B C S C V C M U W S N Z O L S L B K
S J B U B X X L J E N C P G U G T K Z F
```

ALMONDS	BRAZIL NUTS
CASHEWS	CHESTNUTS
HAZELNUTS	MACADAMIA NUTS
PEANUTS	PECANS
PILI NUTS	PINE NUTS
PISTACHIOS	WALNUTS

Story of Jesus

```
I  M  M  A  C  U  L  A  T  E  C  O  N  C  E  P  T  I  O  N
O  A  A  W  N  M  Y  S  T  I  C  A  L  R  O  S  E  Q  L  J
U  N  H  Z  K  D  G  S  D  N  V  B  X  J  L  X  I  J  I  L
R  N  W  X  P  R  E  F  C  A  E  I  Q  T  U  J  J  M  N  G
K  U  J  H  V  S  P  D  L  F  S  W  S  S  H  J  R  G  D  A
D  N  P  M  N  N  I  R  C  Q  S  N  E  I  C  Z  M  O  H  N
R  C  Z  O  N  Q  E  N  N  O  G  G  V  V  T  R  J  O  Q  T
T  I  O  X  W  L  L  D  L  E  R  T  P  C  E  A  H  M  T  F
F  A  Y  G  V  K  J  E  Z  E  U  O  D  S  S  A  T  V  E  G
O  T  J  X  E  N  R  V  H  E  S  C  N  I  W  T  T  I  Q  K
O  I  G  Q  N  P  X  V  A  E  Z  S  C  A  N  D  B  Q  O  T
D  O  G  X  E  Q  N  P  X  P  N  G  U  E  T  K  S  T  I  N
B  N  C  G  R  A  L  R  E  Y  K  E  M  F  O  I  H  D  F  C
U  U  H  J  A  G  U  G  A  X  N  E  O  Q  F  Z  O  Y  Q  U
L  C  A  H  B  F  U  R  B  M  L  N  J  T  O  T  O  N  H  B
I  K  S  H  L  F  F  R  Q  C  D  J  M  C  N  J  V  R  W  L
W  D  T  T  E  M  O  Y  W  M  T  J  Z  F  B  Z  A  O  G  X
A  F  E  R  E  P  L  G  I  D  L  S  R  Y  Y  W  G  S  E  S
H  M  G  A  R  K  O  F  T  H  E  C  O  V  E  N  A  N  T  X
P  X  S  O  Y  F  P  Z  D  W  M  N  I  T  G  O  P  V  F  C
```

ANNUNCIATION	ARK OF THE COVENANT
CHASTE	CLEMENT
CORONATION	IMMACULATE CONCEPTION
MYSTICAL ROSE	NEW EVE
REFUGE	SINLESS
VENERABLE	VISITATION

Gift Wrapping

```
H D B F H O G H C D I P W B W C Z C Q O
E R Y J Z V P X Q J Q C R N K R P H N C
G J B P X X F D D N K B A S T V R E I U
B R G N A D E M Q W O S P E G S E Y L R
B S C I S S O R S D D H P U I N S N W L
N T Y K C T T H R B B T I J F H E K X I
I H O J S J A T P T W I N E T S N C J N
V A R V K W C C X W V S G R S F T U U G
J N Z B W P V Z W W A S P V C L S E B R
T K G A D V V P H R P U A Q T A G B P I
A Y L T G I F T B O X E P G L O E U W B
T O B G P C E F P J V P E G I E Y U G B
L U C H E O Q V V Q A A R T S F T A W O
G C Q Z K P A R B T O P A Z G T T P Y N
T A N V F Q N J I A R E Y K Z D M T F I
N R Z F J Y F E V P S R J T K G Y N A G
H D W Y N O S R U E E P T M Q N P Z Z G
Z C Y I Q P X N Y I W D L H G M A C Y A
P O U H D C F F Q Y O V T Y J A H K V C
C D Q H P N C X N W S J I K V P J A B N
```

CURLING RIBBON	GIFT BOX
GIFT TAG	GIFTS
PRESENTS	SCISSORS
TAG	TAPE
THANK YOU CARD	TISSUE PAPER
TWINE	WRAPPING PAPER

Christmas Decorations

```
N D D P Q K K O N Z I I F I X X Z K W D
N C P Y I M T Z D R O W S M W D P K E T
H V N D K T J V Q E S A C T P E W N R X
S O X G F P Y Z F E I K R A F Y E M E P
B N I H S Z K B S T G I H L N C M R K M
V R P H X Y U U T Q K X R W S D U L D Y
V L S D C I O E G S A R M Y C G L L L P
V G S K A H S W E E E B T W I J H E X M
Q E S C Z N R E C P V I L F O S S Q S I
F E M T I G R I P K V O S C G T I X Y C
V G U O T T A O S I K U E N N D M E S Z
J P P R F H T R T T A N I E Y P I P P P
V Q M C B E E A L L M K M P U F N F R H
A C V Z E X N N C A C A L Q X U I U Q B
P B I R R G C A I O N C S E U C T S G U
R J T U Q A T E T R B D Y T D F R O M W
D H W L B N B S O T W J O T R H E Z L L
U X J X A A R N J O X J N Z G E E L W D
T W A S B F F U Z B M G B G K L E W Y P
L O W T Y N L Q X E R H G A V K S N E W
```

CANDLES	CHRISTMAS TREE
GARLAND	MINI TREE
NATIVITY SCENE	ORNAMENTS
POINSETTIAS	PUTZ HOUSES
SANTA CLAUS FIGURE	STOCKINGS
TREE SKIRT	TREE TOPPER

Christmas Songs

```
T L I T T L E S A I N T N I C K J B G M
C H C Y F P S P E A C E O N E A R T H E
R H I I O E R B L S N Q I Y P B J C S R
J T R S L B L E S J V K Y M L A N V N R
G C W I C L S I T Q R K S W L F A I K Y
X K J I S H L I Z T Q F O R I V E R Q C
C J N Y N T R E L N Y R R J R E C B O H
R P J E K T M I S E A P L E Y K Z Z D R
S R H Q L Y E A S O N V A M K Q B A M I
C A P A B D U R S T E T I P F K W S E S
M X V O P S U D W T M U N D E V X Q K T
V L F V T P G Q S O I A X I A R Z U G M
V J N M C O Y N Z A N M S H G D Z J Q A
L F Q C R Z M X T D N D E O B H P P X S
T Z R P J T U T M X O T E I M S T W D B
P G I I X K D Z R A J D A R S Q K H B A
B J X M P Y S O Y M S F D B L H N H C B
F A F W A P N M M K S U Z Y A A E Y T Y
M K K X T T K H H T O L G W O B N R D M
C X C E Z Z B A A Z Z M I U J U Y D E B
```

CHRISTMASTIME IS HERE   FELIZ NAVIDAD

HAPPY XMAS   LITTLE SAINT NICK

MERRY CHRISTMAS BABY   PEACE ON EARTH

PRETTY PAPER   RIVER

SANTA BABY   SILENT NIGHT

THIS CHRISTMAS   WINTER WONDERLAND

Holiday Weather

```
S E U M Y J U Z W N J C X T W Z X D B L
L H L S J Y I J A L U E K D Z Z R B O X
B H B E I T S M U Y G B Y Q Q Q P E K F
D W P K T V G O L O D R W S Z D Z L I W
T N R H Y V G T Z P E D S Y D J J O E P
Y J L A I X M Q R T N J T J C G O W G U
J X C R Z P T H S N A C G D D Y I F F V
M D A S F C O U J E T M N N T H K R Q C
K I P H I Y L F I A R I P F L W A E O Y
G N C D D B N M V H K D A N B R K E I X
V C T Y L F R I G I D R H G W L Q Z M W
L E R I K I O S P O D C V T L P S I A O
F K F I C F T T A P B Q S Y Y E B N B Z
D J B Q S H R N J X Y U X B W F R G X E
G G H I O P I O V A K R U I F I I I D R
W G K U C Q X L S J H Z D T X Z S F B G
A Z L D K K Y Z L T Z S K I S L K H Q L
P P B J U R Q N O Y Y Q D N K Z B H H M
T I N V C O T E B J P D K G Q W W G J P
W K I E B O N E C H I L L I N G O H W K
```

BELOW FREEZING	BITING
BLUSTERY	BONE-CHILLING
BRISK	CHILLY
CRISP	DRAFTY
FRIGID	FROSTY
HARSH	NIPPY

Bundle Up!

```
F H M H A U J S W E A T E R I H J P I V
Y P R T U Y G U Y R E C S P I K M Y L U
Q S R I C S A J Q L M K O X O U P G H J
K B F G K M C K C I Y G C M G T F A I S
S C R H B C T B W A J Z K M S O V E H V
T U W T G P K Y Q O Z B S E N A D N G Z
P R W S E K L O Z U O Q V L L X A X L Q
V Q J L L P T I J Z S L O C L T F W G V
X E M Q O O M D R V E P A U B D D C L P
C B E A N I E D J H X L Z O B V E C P A
O L W T O E S O C V A Y A G T P K N P W
B P Y A G W L F Q B J F Q K W R F R I Q
A E S M M O D O A T U R T L E N E C K P
Y Q L C O M Q Z R L D Y I D G H V R M B
O O I W E P V Q T M Q H T L S O F X M N
V I P W X R Q Y C I T L S Y A Z T T R E
Y V P H V L A L D S M Y S Q Q R H U U S
E N E Z A A M Q C Y G A B O D W C L I A
P P R K L A Q B Q X T H D U E F U T K B
V W S D T H E R M A L U N D E R W E A R
```

BALACLAVA	BEANIE
SHERPA	SLIPPERS
SOCKS	SWEATER
THERMAL UNDERWEAR	TIGHTS
TURTLENECK	VEST
WOOL	YAK WOOL

Medium

Types of Snow

```
Y J U W S B Z S C Y K K B C B S L W O K F B
L O T G D I Y V O R E A A S Z N Z K P R J R
H R R I X R Z I M H P X Q A R O W F Q K T N
N U G S X U K D L E M B N C O W D S J Z S O
V H W S N P O I E M Z E Q V F C X R P A Q M
U O R P A O A E N B L F L U R R Y W J T M O
H K D V O W W C F X R K I F M Y U K E H Q E
N R M B A W T F K I Q I Z D S S Q P N N W G
P O M S R T D O L E T Z R T B T N K L M A N
U H Z S L G J E Z A D X L M B A S U L H T C
A F I E N E I K R S K P G J G L L C H T E H
A S F C N O E E Y S N E O S U Y U C C I R E
X Y N E E T W T J D N O A W J Y S D B Y M U
V G I O B B L B J U E O W Y D S H K K O E X
F N M R W T E G L Z Q P W B Y E B C F F L I
M Q B Z E F J R R A O E G S A J R L D Z O Y
N V T B C Y A X G N N C K K U N S X A W N G
D J I A F M B L M P B K W Z H O K N M U S X
F G X T D P K A L G O O E Q J W R S W H N I
B C K F S Y L U U V E D O T B M S Z T S O F
J G X S G M D E S B J R Y F X R D Q Q F W H
U G R W D L K B L F S B E P O L B G S D L O
```

FLURRY	ICEBERG
PACKED POWDER	POWDER SNOW
SLEET	SLUSH
SNOW BLANKET	SNOW CRYSTAL
SNOWBANK	SNOWFALL
SNOWFLAKE	WATERMELON SNOW

Skiing Gear

```
J C F W R Y W N Q E W C N I O X C M L F I D
I Z H C P Y U J D I R F G T O S O H M Z W K
E S M O U Z C P Y P D G A K G R Z P N S M F
X T X U W C B A Z W D Q M R N O P R N V U A
T M L T A K O Y R R S U I H N M G D Z S L N
B Y R L H F I M A R P X Q E X Y C G E N N W
B E F D Z V Y O P U A S G L W K L N L L T A
V J T P C V B P J R I C U M A R H J Z E M T
P V G G O W N M V K E Z K E Z D U W G W S E
Y T C R O L Y M S D K S Y T T D Z Z C K C R
R Q A N N J E U Q D D A S E Y B S R B C M P
W Z S S N O W S H O E S I I P W U I S D X R
O M N X O K S P L B O G F Q O S Q F W K L O
X R B Q B R J S J B W J Z Q D N P Q Y D K O
S T Q Y R H E A T E D G L O V E S H D K R F
P I P X O M D U J P J M W N A W G O C F A J
V P U S F E S K I B O O T S A J C A C V N A
Y P F P K N L F G P P B X B P L P Z U K B C
N I S B R L Q Z W H L J F U O K N F E X S K
O B R V P M L H E S X B X S C T K N Z M Q E
R P H L U N M S N H T W C A W D I D M K H T
S K I A E A L Y Y A L M B U X C L F G W W C
```

BACKPACK

CAR RACK

COMPRESSION SOCKS

GOGGLES

HEATED GLOVES

HELMET

POLES

SKI BOOTS

SKIS

SNOWBOARD

SNOWSHOES

WATERPROOF JACKET

Gift Ideas for Him

```
K U Z C H A R A C T E R T I E E V J L V Z C
U P S L E A T H E R B A C K P A C K O T J O
Y X M F H B S E M S M Q V Z U Z X E I L Y L
S D S E X Q W M W Y T N G D B A I R M R O C
Q S X A O F Q A E J E O O R J T N N A W S I
Z B T D O T K S G V E K Z L H F O T S F P Q
H Z F F Y X W S O G W Y Y Y D U J N R T O O
F G B O I D B A V V A B V T C A I E S U R V
O F G O G E Z G E C T W Y V E S T M P T T N
D N X T S Z B E F Q C H L S D T B Z Q D A L
Z Y B Z I I L G B U H I I L V N V C D U B A
F V B P A M M U S K N R L F A N Z G F V L Z
L S S W W F P N E C O O L E R B O X K A E L
O T O I L E T R Y B A G B U M K T F U G S B
R I L Y Z P Y U A I O T Y O F U O E O Z P G
A X K W B R I E F C A S E V J H Q P O H E H
L X R A R G Y L E S W E A T E R Q I D N A F
S D H D R Y X G F O P O T T E R Y K I T K O
O F H L C U N V W X O G X E K K C D H I E H
C P Q O R K T Z U K G O Z F V K S S V A R E
K F F D U F D K F Y X G I B R S R A E Q U T
S Y D Z A M U R C J I W G C M G E W F Z K O
```

ARGYLE SWEATER	BRIEF CASE
CHARACTER TIE	COOLER BOX
FLORAL SOCKS	LEATHER BACKPACK
MASSAGE GUN	PIZZA OVEN
PORTABLE SPEAKER	POTTERY KIT
TOILETRY BAG	WATCH

Gift Ideas for Her

```
H N E D O V P P R Q R E N L R X F X K G N I
R L C S I J D K L J T T I C F U D U E U T T
F R I P D A D Y N K E D M Z Y B S G R R A N
T Q N W G K M Z V L J L E R K X Q N I R Y M
H W B F S D B O L L J W P B M U Q U Q G L K
Q Y E O Y G U A N D D J M J F F O T I M U S
L M N T N T W F U D T D K W N P C T J I T I
H B G R M S X N F B R G M X F M O E V U A L
O N R G I C A Z H E Z I A D C B O N I T X K
I Q A E P H S I E O L W N F J K K N D P E P
G B V V O I L M T P V B L G M O I I H I T I
G N E H H U I P X R N F A G J D E S T O E L
B H D E I C P A D V E F W G J A C B P L K L
C L B W O P P N D S C E T Y A T U R O R Z O
E G R E N U E Q T O K H J S J X T A P I J W
V A A A V S R Q I O L F K K I S T C G Y X C
H H C R J Z B P A M A D L K U N E E N J Y A
U C E R Y Q O Y S M C W C K M J R L M Q Q S
J N L I P Q O O Y M E R L V L V I E B A H E
N Y E N M R T U L M W A A S I T L T J A H S
X T T G J Z S H T U M B L E R S R Y S W B D
Z D W S E G U W N F T M D Y U U L D Y D K D
```

BONSAI TREE	COOKIE CUTTER
DIAMOND RING	DUFFEL BAG
EARRINGS	ENGRAVED BRACELET
NECKLACE	SILK PILLOWCASE
SLIPPER BOOTS	TENNIS BRACELET
TUMBLER	WALLET

Gingerbread House Decor

```
Q U X W O M B A A R M F M F H R G A Q D O W
O C O I B I C M T B T J Q R S Z U W Q Z O J
R C H S P K S C V A N F O E C E M B P D J N
R C A O C J I Z P P F D L E I W D D Y Z V W
A D W W C C V N O V S F R B T H R P T I Y N
L E X S Z O K I W Q F Z X O S F O X L J M A
J J N V W E L W Y U K L R F I M P Z N Q Z R
P M Y V V S Y A R N X Y J V T F S T R P N O
U U M K R B X T T W W P T L H L H Z P O U S
E X N H S W L K E E I H A J V M N J E W R K
U P U S E K O F A T C M K Y D N P F P D F I
N B M A N D M S K K O H N M O T D B P E K T
P A X J O Y K C C S K C I Q C O N Z E R T T
X T H S T Z E Z I V Z K G P B M M K R E N L
X B P Y V Z E A G B M T N C S X V C M D A E
P E Q L X R O Y A L I C I N G K C Q I S U S
A C A N D Y C A N E C M L T E J Q B N U T B
E I Z O Q Z T L Q X G R I M D I B Q T G N M
S G B M Z G Z F C K M P Q V K C G Q P A T L
M E X F R J W V A H O V S V J C M R D R H Q
V H G B W L R A T W I Z Z L E R S R X U Z Y
J V A B C Q S Z L G R A H A M C R A C K E R
```

CANDY CANE	CHOCOLATE CHIPS
GRAHAM CRACKER	GUMDROPS
ISOMALT	MANDMS
PEPPERMINT	POWDERED SUGAR
ROYAL ICING	SKITTLES
TRUFFLES	TWIZZLERS

Light

```
W X Y T O Y M N D M N Q B D X Z Z J P N S M
W X X M B G W W M M H B L O I N Z I O D D X
O S C I N T I L L A T I O N N U S Q U Z L Z
E S W A P K C E R N Y Z H G C O K X K N D X
S K B M J D I R Z V N S D I A V D U H K K L
O M B S P A R K L E Y A O P N I Y L H F I A
O V J R H O B M M D R E R A D I A N C E L J
K I H W W Z X I P O Y M Q E E U Y C P P L R
B Z X X O Z W C R K U I N A S A W E X D U O
O X K K O I E U Q F X I X R C D F R Y P M T
U S G K T D A O R A H F K C E J W F Z Z I J
O W O W F J R G J S L U M I N A N C E P N J
X B X S T Y L Z K S J J C D C A L O X X A P
E S K F W G E E P Z B B T G E K V W N V T M
H H J Q I L R N G T J R E L J S W Q A P E O
Z P Q Z N I G T B L K G W I D O A B A B P S
D T K T K M O R W N O R M T Q B O L S Y M Y
Z I Q I L M H T Y J Y W X T G N U U B F O W
X S Z G E E M Y L B B L S E V N Q D H L N U
Y X A E R R K Q C S N G M R R X Q G Q H W L
B W D O Y B X C Q D H P S W F L D F F D F T
Y Y A D U V H R Z Q N Z D V I D Q Q Z K X N
```

AURORA	GLIMMER
GLITTER	GLOW
ILLUMINATE	INCANDESCENCE
LUMINANCE	RADIANCE
SCINTILLATION	SHINE
SPARKLE	TWINKLE

Christmas Cookies

```
P A J Y X M H J D F P D B M N N D F J Y K V
I S S R I V C D S R E M C O S F O K W F Q G
E X V A K E T L S Z E S T G Z B P E C O S L
R K S I L U G V A T U W W C U R M R E T N G
A I N F D T O F I S E O T C U W L M R P I Y
S E P G Z K E Y W N S R E D V E L V E T C W
P K O T Q Q M D G P M I O F O J T W O P K Z
B F A X O Q U I C F N C C Z K P E K S S E T
E N T K P G F S B A T Y F S I T U X G W R D
R C M B M J A E T E R B D H U N O R I S D F
R M E B Z Z Z V V J A C I Y G G L N F O I
Y O A Y U V X T Q B L E M U V F A Q G Q O S
T G L C V T S H O R T B R E A D B R E R D N
H E R H A C T W Y A G S E W L C R V R Q L E
U P A S E D Z E L W D E D P D H D G B V E O
M P I H B Z A O R J I H J R E H M Y R M L M
B C S Q V B C M M P C S P W B A I A E P D U
P K I D Q O F B I I E B Y Q J A G Q A K Y O
R S N N H S R T D A M C N G D V X E D J F V
I F E C W W O Z E M N M A O K C N L V J N A
N C D X O C P U G M O U L N O Z H I F Q D Q
T W U T B Z K Y M G F U T I U Q T L P X J C
```

BUTTER PECAN
CLASSIC SUGAR
GINGERBREAD
OATMEAL RAISIN
RED VELVET
SHORTBREAD

CHOCOLATE CHIP
FIG NEWTON
MACADAMIA NUT
RASPBERRY THUMBPRINT
SALTED CARAMEL
SNICKERDOODLE

Fireplace

```
S X A S H H B D I D R F P G Q Z E J C E Y H
V S B N M R E K C W T C R B J P E S T P Y Q
A G O N Y X M A L L R S L I J K Y B F U O M
D Q V J Z O Q V T U P T T N L Z V R Y D B I
B X N W F K E C N E V R K G G Q I S F L B R
X P X F D R D E Z J D A N L N L W U R T X N
Z Y N B P F U K N V R L Z E I D N C V D S P
M G V U I U A I T D A A M N B W G H Q W O E
L M N A B O C O T T J K U O K B L D C F S L
D P O B B R G Q T W B R F O M U C B G C J Y
J E Q U R M J K W J O H V K P H G M N D L L
X V L R L F C Q I O Z O I C Q Y M O E R J W
T E B N J S E S P N D K D C R Z I I Z X C A
A N L I W Z V K O S D G T S K U B J V T C J
W I P N Y E E W M G Q L E E G O B J M L N B
F N O G X E L K U E Y S I Q D S R I S D L M
I G K I T P P C D Q I X K N E G G Y R J S V
G S T B A X S T O U U P R H G J V L W C G L
G T N H F U S K H M Q T S V F C Q K R Y H Q
C X S U U O Z C W S I A O H C E U C L A P J
K D P R I C E V I Y W N B O N I G I J J V Z
V E F J C B X U W A I G G K P Y W Z X A P G
```

ASH	ASHES
BIRCH	BURNING
EVENINGS	FRUITWOODS
HEATED	HICKORY
INGLENOOK	KINDLING
OAK	WELCOMING

Baker's Dozen

```
L E R F F T E O L Z D B I D V Z H T F K J Z
V H C P N T T X P A S R X L Z R C X W A A B
Z B L O D D E P C C E T F M P C N X R M L A
V L R P N U G E H U A R C I J G W U P I Y K
G O X F R F C S O B N R A F Z G L O Y F B I
Q O D T C W E B C X L V A T I D Y S B X U N
A M G N B Y X C H N N M L M I F B K J T J G
V L I Q I H K T T Q T K P M E O V V X Y O P
H M A D C R H P K I J Y G D F L N P N H P O
D Z Q G A G L U B P O Z C T X Y I G O M F W
Y B Y O R L V N J L T N B K J W V Z R Y U D
O G I M B A O Y X H I R E A H O C D E F P E
A O R L O Z T M E L Y N F R I Y N W C B O R
U U J Y N E L K Q R R N D W S N D P V S R W
A I J S A A F Q A V O N M B C S M G W P C U
B S Z F T A D T F T Y T D L A R U A I K H H
K A K G E E N R K C N J A S W K E G R Q K H
L L I H G E Y A E P G B Z A S I E A A I N V
B I D G V M Q K X D L L M T W Q X O M R E U
V Q E W V K Q A V E G Q X R L T B I X Y A H
M L E I O B O G Y G W E C J J M B M H K D G
M J Z J U D S D H O M O H C I E D C E Y I V
```

AERATION	BAIN MARIE
BAKING POWDER	BICARBONATE
BLIND BAKE	BLOOM
CARAMELIZE	CONFECTIONERS SUGAR
CREAM	DREDGE
GLAZE	KNEAD

Scrooge

```
B S R Z Q H Y Z J Z Q B R B G M D S A F J Q
H B P K K E F W J X P V G U G M D J M W M A
L X L O Q F S F A M O E J C T N I W U C J S
K G R K I Z N H N P P K S F S E G K B F W T
A W R K Q L U G D O Q A B S T E R C B C Y I
E I L O D W S Q O O U I Y A I E Q S J B J C
X B Z T U D A P W I J A K I Z M F P L E S K
U H E N V C W R O O F S Z E P A I O S K D I
R J S X S K H I D R P F N D V E N S F P O N
P F R J N L X Y J A T E H G V S C J T J R T
I Y K I W G O C E C B B T R W Z F L F E P H
R E W B R J X H I E F E B I J R S H P S S E
G Z F Q L T C C U U K U T N F L U O E Y J M
Y G R L E I F O B N T H D C R S O G Y F N U
C S I Y Z O X F A X W Q M H Z P O Y G F A D
X K R U P R K L N X H H Z U Y O R P R B E L
D C X W B L B L E E L V D T R E O Y W T Z O
F J S P U T L X Q Z T I R C N D T I F C E I
S A C O E D D D K Y V A S I B C B H I V U S
G B T W O I T B M Y P P H H T A F T L M T D
N B M L J D X J B S I W R V B Z U B C C V T
T H O G Y S S V S X J I X S S B Z X L U B A
```

CHEAPSKATE
GRINCH
KILL JOY
PESSIMIST
SPOILSPORT
WET BLANKET

EBENEZER
GROUCH
PARTY POOPER
SCROOGE
STICK IN THE MUD
WHINER

A Christmas Carol

```
L I B S A B C H A R L E S D I C K E N S W U
S D L H R V D E C V K S P F Z N T R D J E V
Y E U A Z M S C M G B O B C R A T C H I T N
D F H J V P H N M W D I U T G S E P R H G N
K P Y E K A H O T A Q D T D S O K H D I U J
M R M V C S D R V K W M O Z Z P L P W B L C
Y E D K Y T P F K O V L C H B D P I H A R M
I Z F Y H V X R T T N O Q D R C Z P U H N A
N H G D X H I S E T R N E A W Z U P X H W R
X H K E J M O U B S O D Q G E I K G P U O L
I B R Q V H J B E B E O T F U Q I O F M L E
U X D D G Z A D E T U N T Q R P K F Q B J Y
E O U P Q O C L N L Z E T Y G G G F M U X S
F H E H O Z O B E H L G N R Q E K M N G X G
V X R G G Y B F S L U E H V H U Y D G E B H
T D H W D V M F N U F F R P Y C M P G O F O
P J Z Y N B A Q U B P X C J F L Z S P V X S
A E T N S Y R I W T F J S K M D L A U M Z T
Y F E M O K L J X O U O N Q J Q C G S X K K
E K H B C L E F O Z Q R O H Z B S Q K W F V
U G C H X C Y I N J K B E O Z D F S X Y C H
Z J P I Z D L L L T H H X Z V O C B Q J D B
```

BAH HUMBUG

BELLE

BOB CRATCHIT

CHARLES DICKENS

FEZZIWIG

FUTURE

GHOST

JACOB MARLEY

LONDON

MARLEYS GHOST

PAST

PRESENT

Holiday Tunes

```
H P V H T V J P A E E Q G C T Y E M H V F Y
O R U Y R E C L T Z K A J P M J P I Z I C S
L T H W Y G L E H H X L Z W X U L U C C T P
L O J A F X D N E B I G H P M R L R D H P G
Y E V E G N D J F K W F R C J Z N N O O G L
J T D Z A W A Y I N A M A N G E R O M I F L
O H R J P G Z L R N Z Z A A A U M U I R R O
L E A I D G S E S L G J O Z T F K S N O O X
L C D N D S V T T K A L T N X L A W I F S F
Y H J G V I W I N J F H E A P J P N C T T P
C R R L L X T O P U S F B W M B Z K H Y Z
H I U E I V T S E D I N A E E D Z P T E T W
R S W B G E H N L O F J U B P L I C H B H T
I T P E E R P O B G C T B I H T L H E E E O
S M U L E B R W V K W M L E E L S S D L S F
T A D L Z E A K O H O L Y N I G H T O L N C
M S E S E L Y U M G W S N X H L Y R N S O Q
A S K R C L S G X J Z G N X S R E I K E W W
S O J O R S Q Y R F S A V A I Z O I E E M F
W N P C X A S R K C D V F F E L R A Y F A G
R G T K F P Y S O G R C F Q R C Z C L B N P
T L A G T H G S O L H G D S I B M G M J I I
```

AWAY IN A MANGER	CHOIR OF THE BELLS
DOMINICK THE DONKEY	FROSTY THE SNOWMAN
HOLLY JOLLY CHRISTMAS	JINGLE BELLS
JINGLE BELLS ROCK	LET IT SNOW
O HOLY NIGHT	SILVER BELLS
THE CHRISTMAS SONG	THE FIRST NOEL

Santa's Workshop

```
E D E I G Z S K H M K Q E T Y J F X C Y D I
I S T B T H E L P E R T Q C X J Q B U S B R
J A K O N R O W D E A D L I N E U G C K F G
N W W X G X A E J U M L G A I A P N O V B Q
H F E O I E K Z B O S T O S X T A A H Y V V
O S A O O W T X T U H M K S N O G L M W P A
W M N C L D A H D N G V X E W Y G T T I V W
Q R M T T D W G E N K Y N M G L H R F V S Y
Z U Y K T O G O I R E H F B A A C Z J Q Q P
Q P C W K X R K R D N D C L A N A D E R B U
X L P C W Q C Y S K T E U E C D D Q F A W E
Q Y P Q T O G A H L I X S O R B I J Q V O F
D M T X T X R E Q C Q N P S G F K S V P R D
M Z R S U M Q K E X S J G G D B E Q A J K Y
I E C S O I B S S E X C H P D G M Q L S T D
W U E G C D Z J H H L B D G A J Z F V J A W
M R V U T L T B R X O B L K Z K T M Q R B L
G P P I H M A F M U O P C G R U R F W K L D
F S T Y D V A U J X E A Z W O O V H Q I E C
R Y R Y G I M V S E P N T L S X Z N Y Q N V
K X R J Y C N E K A H D G D Y G Y O Y S D V
F L A B J O H E S H C E N Z P B H G X R H F
```

ASSEMBLE
FACTORY
MRS. CLAUS
STOCKING
TOYLAND
WORKSHOP

DEADLINE
HELPER
PACKAGES
TOGETHERNESS
WOODWORKING
WORKTABLE

Christmas Feast

```
Q T R U S C G L O P J S C Z X D V B W N U I
T Y E A F T E R E I G H T S R Z S G H A O L
K X M M R W Q F S D Q H F G Y S F O L G P X
N C G S X M P A M B U M H F G J O X Y M I N
Z B U C K S F I Z Z A Q J Q Q Z O J B I G Z
S D I I E E C F Q O L A K A W U M W X N S D
K N Z O K L H C Z A I C I K E V R J H C I U
K L X P N T R H X S T C K B B Z W Q Q E N P
F I T H S B I R U J Y W R G P F W A T P A F
D Z A Z O E S I Y S S L U A Y A H L U I B Q
I M B G M E T S U U T I V Y N J P F R E L I
F P L L C I M T A I R O I X O B K T K S A G
R M M I O L A M S A E W Y Z U M E A E X N J
U G D V Y B S A T A E Q Y U Y W T R Y D K Q
I A P V U X P S U P T R Y Y L A Q W R N E Y
T B P U J Y U P F C S G A V J E G L F I T Q
C L L T H I D A F J Z Y B K A I L L J P E I
A E R B B G D V I K L U E U Z U Z O C P D S
K C J O D T I L N Q K M I N G C H N G D I Y
E Z B I V B N O G Q U X Y V Y M Y D E I N Q
U K X O C S G V Q Z Q N Y L K E D E K Q M V
M F W Q R F N A G Q E I Q C N C M G A O V H
```

AFTER EIGHTS	BUCKS FIZZ
CHRISTMAS PAVLOVA	CHRISTMAS PUDDING
CRANBERRIES	FRUIT CAKE
MINCE PIES	PIGS IN A BLANKET
QUALITY STREETS	STUFFING
TURKEY	YULE LOG

Christmas Morning

```
E P Z J W T H M S R T B Z F U R C F F T Y X
M A L Z P I U B J N H L Y R F N D G P G H E
I X T P E C U G E Y V K S N D L U X D P N Z
A P L X E N E M A R B D R G X J T V Q Z R N
W F F P N I E M O A U N W R A P P I N G B L
Q G O I P T W W S I C G Q D F F O K G W N P
B Q Z C I O D C U I X B M U I X R B W S N C
X A B C H O O B G F T X Q C K R A F C U T D
T X X N Y O F A O H Q K J F P L I H Z J F A
Y E H S W P M B C E J O G P T G T B G U D G
G B U T K D Q S O A N Y A E J S V O L W G N
N Z I O F V V K B E D N M H G E W X G H A J
V S C E D P S O F N V C E T Z U U E U Z I T
Q M J E I V M A F E Z Y S F N O Y S E F A F
Z T K B R E A K F A S T P L S C Y E I Q W N
Y E A E T E R F S C L O I S U R P R I S E I
T L W O S N A L Z P S M C J W H E I J D U Q
P X V T M L O L A R B R T P A J A M A S F W
D F L C T U W X N J L G U J A I F F U E T F
L Y L T H C I L X L N G R S I M X A R T O K
Q P D B G Z Z G B R L Z E M L J O Y O U S Y
W B O Z R W Z W Y Z Y T S Y M U S I C Y C U
```

BOXES	BREAKFAST
CEREAL	EXCITEMENT
GAMES	JOYOUS
MAGIC	MUSIC
PAJAMAS	PICTURES
SURPRISE	UNWRAPPING

Christmas Gifts

```
V W C E B K E E N Q Y L Q X L O W T G J A P
U I L O C R Q F C D F I E C J O P U U A L Q
E L V Z O L Z B K D J W E S K Z J X E X V X
S N J I W V C O L O R I N G B O O K M F O F
O B J P R J I R S P L T G H T E O M X G W I
S L V E I O V B M E S W T T R A I N S E T D
W K X B L T D I F V C H K I I D B S V N C G
D X A S M Z U C O W T Z P R B T X A F P Q E
Z D H T W I M Y P R M C U J N C W T J C U T
L O Z O E N B C Y C W B Y O X N P E J H B S
Z L O H J B O L N K M Q I H M V Q T K N P P
Z L N C O P O E C A C T I O N F I G U R E I
U B H O V R H A E S A F F A K R J Y T R G N
X P N C B G Y W R T T M K C A T D Y E E Y N
G L D E R M M C S D W B U C C S X L D F U E
H X H C L V U Y I I W R E P U P P Y D O S R
A A G I Q K A J C W T T X P R X A M Y V D X
H G O P N L G M C Y O X I L T A D M B D B X
O J W S P K M T O M B T N W A U Q V E G T C
V M V O R X N T E K E Q M J S K U O A T P M
H Y H I J Y J R E E K J G O Z V G C R M G X
G Z L H A V J B Q Q Q B A L O X U H M T Q T
```

ACTION FIGURE

BICYCLE

COLORING BOOK

DOLL

FIDGET SPINNER

PLAYSTATION

PUPPY

REMOTE CAR

SKATEBOARD

TEDDY BEAR

TOY TRUCK

TRAIN SET

Ascension of Jesus

```
W M K L T Y J J H E W O N B J L J O D E M D
H Q S V Z X G J I R J J Q J K A R L Y B W X
Y Q U A H B O L V H G Z T Y V Y Q L J X A M
V Z X S R G H H W H P O E K M O M C N E S V
M H S Z T P Q E Z J C W I N P E A F N H C D
S E T Y A D V Z P H Q Q O G L V C C K D E D
Z C Z D C D H W O C S L P A A Y E Y L Y N M
W M K I N G D O M Y E W S O Y L F T F J S K
R W H M K H E K A S V U X F O G I F E T I F
T A F R N H V D I N R V Y H H S U L T E O B
D P D O X J T R Y E A F Y B E H G W E B N G
G O N M O R X T J P J D H F A S H H L E O L
Y S K Q O I I B S Q D V L N V A J A L X F T
D T U F H S L C A C Q Q N O E E O K B Y J Q
R L L A C R I T Z P R Z Z V N B D S I B E U
X E S K U A O Y L W A I H S L H I Y V W S X
A S O L X E M I P I F N P O Y N R J M U U H
Y F W X H L B A Z Q B Q L T E P D E R Q S K
Q A S G L Z Q M M U M M M L U Y J X A N I U
K E U T F Z S R N D X L Q M M R C L E N S S
F X W D C H K B A P T I Z E D G E E B C P R
B H Y A H C Y B Z W R N P R O P H E T S U I
```

APOSTLES	ASCENSION OF JESUS
BAPTIZED	FORT DAYS
GALILEE	HEAVENLY
ISRAEL	JERUSALEM
KINGDOM	PROPHETS
RISE	SCRIPTURE

Holiday Pies

```
R X W G M I S S I S S I P P I M U D K I T R
J G Q B N W M L S U G A R C R E A M J E T M
B I S O E O M K R V C H C Y U S U A R U V Z
U Q B C N A H N Z R G O M J P P Y H B F V V
O K O Y F B X S C I H G W M B S U V B T S L
B S Q Q Z T S J F U R J Y O T W X L T V O Z
I Q A S F Y F X G T H Z G G H W R N L X L J
T O Q I W S T V A B L A C K B E R R Y W Q W
R H A G V C E L B B Q H M G W A H U N Q E R
I L R O M B M L E O A P P L E K Z F C R G S
B M D H A O P P Z M Q I R R Q A E J F P U W
Z W F W U A Q A H J O X D M Z J J J Z Q R I E
J S Q D L B V A H V N N F T Q M K F R O Q E
B N X P Y B A J N A P U M P K I N Y P L Q T
A P J Q V F V R C Q J Y W E O F U Y Q J E P
U Q J W R P W E B I E L M W R H J S U R E O
I Z J G N A P O N M X I I B E I M S N N H T
K B K Q S E I W I S O B F O R H N F Q C Y A
S L U O U Q O L A C Q Q B S R L K G A H I T
Z X F W K A Y G Z E K K Z R V X B E U L A O
P P Z F R E N C H S I L K L U F P H A E G X
W M I E K L C Y I G S F G F K G R X F R T S
```

APPLE	BLACKBERRY
FRENCH SILK	KEY LIME
LEMON MERINGUE	MISSISSIPPI MUD
PEACH	PECAN
PUMPKIN	RHUBARB
SUGAR CREAM	SWEET POTATO

Holiday Drinks

```
S A N T A C L A U S F R A P P U C C I N O X
P E P P E R M I N T M O C H A M R L Z C C P
L A J A D R B S Y V K G H E E Y E N P H A I
K S B C G C D I S N D K D E D C Y Q T E R Y
S I R C I N X Q A Q C T F T S W O N R S A H
Y R S I N C L J P C G F N M G Q O U C T M A
D I U N G A D Q Y E O Y X A N K Z M W N E Y
S S G X E R H B L C U U W O W X B Q G U L N
B H A F R A X I T E Q B Y I J F A L J T B R
A C R H B M P O J G L Y M L I H L O J P R V
I R C Z R E H L U G Z M L C C B A C A R U K
S E O F E L M P U N H N Y O Q L S T B A L W
G A O F A L E N L O E R M I N G C H L L E F
I M K C D A Y Q J G B E G A Q G N D D I E M
L C I T L T H U E L T N U F T W V M Z N L B
R O E G A T N B M A Y J C K D E B X K E A X
G L L Z T E O M L T Q C F P J M F I V L T G
Z D A X T D X O E T V D A R Q N L Z D A T A
L B T O E Y C V E E Y U T D X V O T O T E Y
Q R T E S O K E N V M O K G R N I Q Z T S O
F E E I H P R U I Y M O C H A L A T T E Q L
M W H C R S R S Q L W Y J T H C D V V A E F
```

CARAMEL BRULEE LATTE   CARAMEL LATTE
CHESTNUT PRALINE LATTE   CHOCOLATE MOCHA
EGGNOG LATTE   GINGERBREAD LATTE
HOT COFFEE   IRISH CREAM COLD BREW
MOCHA LATTE   PEPPERMINT MOCHA
SANTA CLAUS FRAPPUCCINO   SUGAR COOKIE LATTE

Christmas Decorations

```
V M Q O G L V I W B J T Z T X U S F Z V J R
L R T S F U K Z N D C Y L D R J L C R W G N
R F Y H I B H R U E T R R A B M S N C W Z W
W O V W Y X G V T C R M J U T Q N W R D S Z
Q A H E W B N B C O R C D L Z J O P O V G P
M R M T Q T I M R R F M O R W O G L S L K T
F C H J V E O K A A M F H Q R P X A S K D A
I A O U L U K R C T I T L G K Z M I S I G B
Y R L A Z T Z S K I S W I T L J E D T X E L
I O L V Y M N D E O T Q Q H T H H P I Y E E
A L Y I U H E N R N L X G O D L Z A T U T R
G E X F L B E Z S S E V W X A T D J C X M U
B R Q P D C D F O T T B D T L W L A H F J N
C F Q O E B L O L X O B T R E W O M Z V W N
X I Q N E Y E N D G E V K C U Q N A G S O E
Z G X X R D P N I V S E S X C M Z S G P Y R
E U R Y F J O I E E M N B I A Z M N Y R G O
V R C H A O I W R B F J O Z A Y L E Y J B S
W E U D M H N M X I K U A W I P C L R Y H E
U Q W S I W T I R W P X K R M Q G G R B I A
V D Q A L L J S O U M A U Z S A R C S M O H
X S F J Y A H F A V P P D D N J N J K R T Y
```

CAROLER FIGURE	CROSS STITCH
DECORATIONS	DEER FAMILY
DRUMMER BOY	HOLLY
MISTLETOE	NEEDLEPOINT
NUTCRACKER SOLDIER	PLAID PAJAMAS
SNOWMAN	TABLE RUNNER

Tree Decorations

```
S T A R L M D G W V S J H O C S M L F B E I
L R S N P H S P N I K L U C L Z Z Q L C D J
C I G M E A K V M V G H L P H A H L H O A J
A V O L H I E H X K X Z W T X P L O N O S K
K P B C I U A G D G J L X I N G A Y I C S S
R M L L O T O O V N A E I P B J A H N R X U
R K O R T H T R Z W L W O P H A O R L J Z S
M H R R F D P E L P A C P G Z J U E L X B O
W O N J L O A W R G Z H D G N Z G B Q A O Y
U D A G M D G M K Y K E C L H N H X L R N X
U S M K J X Q P X M Q R R M A B N X V E G D
S O E D O C T O N S Q U Z D W Q D J N I T Y
J I N X W R O I I C K B W D Q B U T H L W D
F H T U P X G N N O F D H J G E G M K E X T
Q P S F I S F O O S P H N C P X W G Z Z G U
C H Y M D A B V C B E R H A L A X Q E Q D G
N O A Y Q B G A D V F L X L C F N K W E R E
W G R C I I G P E P S Q J G E K K G X P G H
F X R R U P I N E C O N E S X D Z I B R D U
Q B N Q Q Y G H W T A V F A K E S N O W W J
I E Q G L A S S F I G U R E S K L R S Z E I
R H A Z O G N U B Y P B Z L W M D Z X X I V
```

ANGEL	BAUBLE
CHERUB	FAKE SNOW
GARLAND	GLASS FIGURES
GLITTERY	ORNAMENTS
PINECONES	RIBBON
STAR	TINSEL

Angels

```
J R Q E M X A N D F I T A E E F P P Z J C B
Q R D I M F P R O T E C T O R S D G T K O K
W N Z C B T I O F A Y N O C E A C A H K Q Q
J H S J J A J F P Z M U R C F E K B M I I L
N E Y Q S C N G W P G K C Q K V C R D B K M
K M C L D E D N G O O L Q J U L J I T G V J
V S G D R E F E O F A G M P E D D E A O Z B
E E P Z F Y F J Y U J A U A H Z I L T R G O
P R M D E S C E N D N K H D O B I V I K T C
K A J Y U L L Y A R V C I P D D U Y I F B P
Z P D W C P U Q F P I K E T I S H K A N I U
Y H M F A I Y V H M Y O L R P E J Y N M E I
J I D R C A L S K L Z D K K S R E L F F K A
I M W Q F C D E F V N C H E I V N D T Z C I
A K T H Q W P Q B F T T E Z M A C C B A G Z
U L Y V B M J V S W R D A S M N O F H X K Z
P V M C H F P V O X U H V B O T W F U Q E N
D B L Z Q T C V U D M P E V R S P N S Z U Z
Q D P M W R N K K B P B N Z T U W G H Y V F
M P V A R H K Y O O E G L Q A Z N E M R D J
T I L N Y A J C Q W T P Y W L I M C J H P V
F I O I K R U U R X U N H F W T F I Y Z L G
```

ANNOUNCERS   DESCEND
DIVINE   GABRIEL
HEAVENLY   IMMORTAL
MICHAEL   PROTECTORS
SERAPHIM   SERVANTS
TRUMPET   WINGS

Synonyms for Festive

```
E I L W J B U W M O I U F O P M L Q E L Q D
K L Q F O W P C H S L B F O T P Y E Y O V T
Y C M G C A S I B M S M O C B Y H J P Z P E
X R U Y U Q G C P E C X N R N T L X X M D L
Z X N R L H E W L J T M B N I U D T T G H N
C N N V A H T N I P W K U L F N F P Z Y X O
E E O G R X D T I O Y S B H E D E I F K W Z
J O C O S E T V M C X A T M X J C N C H M S
W M X F V P F A K G Q R O F X P N D Q B J Q
M U L Z H G P G U D I S V Q M W N Q O K V B
U H A O Q H Y A Z M E L S J J U U M L Y K P
Z B B N R A C T X H Q P I H C Y N A I L T Y
S R L A G L C I T P E S Z O T C I V D C H X
R K U I X H T I S V L L J O B V O K D S C Y
H L U Q U H L Y X E T A V S O V M M F G V G
G A I S J B X M C Q E U F J Z F D O H L F Y
A M K M N A M E T D M G J M K I B U U E D P
E R F P B T W R D O Z H N N N C H M E E G M
V P O F L E C R S L H I J A A C P M L F M T
P Z G T J O L Y O M J N X J I C A I C U V P
V Y A C N F K O M V Q G T E U M J R U L Y M
J Q J Y K B Q Y Z P N W R Q B Z W I D P X Q
```

BLITHE	BLITHESOME
GAY	GLEEFUL
JOCOSE	JOCULAR
JOCUND	JOVIAL
LAUGHING	MERRY
MIRTHFUL	SUNNY

Heaven

```
X M T E X E F Y P Z P L Q S F X R J X G W M
S W O Q V W T T N U C J W V O D S I S S S L
H A P P H E M E U J C R A O I G N X T X A L
P B Z L Q K R S R Z S S E P C U L A R M I X
A T C M L R R L X N G W J P K O V V E A N D
B Q H X M K I N A N A H Q X N R M H E C T B
H X E A H Z H G I S P L G H O R Q M T M S W
Z G R A P V R C H Q T J L R O F V I S L V R
N E U P V G I G A T W I H I S E H V O J F B
W A B T N O D O F J E A N D F H I P F L D M
C C I Y J Z V D E X A O B G H E C T G T G K
U F M E M T K L D A U L U X J E X Q O N Z I
C Z R O N S E Y P Y P O N S G O A D L X O J
Q Q N Z E G E L R L U S Q D S D Y V D U Z C
V M K H U J X Z E I E Z K O T Y R X E E P F
G S F Q A Y R D F S U N W F R L P A R N I Z
G G I F G L G I I Z B R L F I Z Y L K X L T
N Y G D M L V A J E S U S C H R I S T U C Y
U G R R Q Y R Q D C N S M D N M J G J K G O
S B G X F P R I V L V R K W V M U L I D V W
I Q E K N V P E A R L Y G A T E S L X F H E
W W L P C A I V M U D G S S X Y F I R M O Z
```

CHERUBIM	ETERNAL LIFE
EVERLASTING JOY	GODLY
HEAVENLY	JESUS CHRIST
PEARLY GATES	PRAISES
REJOICING	RIGHTEOUS
SAINTS	STREETS OF GOLD

Nutcracker Ballet

```
N I K X B L N T E M O U S E K I N G H M F V
E S B A V C O K Q S U C H K I M B T Y R R U
S M D Y C A A P S F S U E P E Z Q P L E E E
E I G J U R H S E T L L E B D Z W P Y E E U
E T H U A S A S V Y E M Z M T R T E F G O O
T B C L C E N V S C R P F I K P M F D J P R
G Z C H I N E S E T E A R A S L O Y Q M A U
J B G C F J U Q R V F F Q I E C W M R N Z S
B L Z K L L F U G T J C J S N X U X E X T S
C H M N A D F W X Y W G S A J T T Y F Q C I
J O S V L I F U H V U O I H W G R U R T H A
X U E P Q R E S K X R B E E K G E K H W A N
B X M J K D S Y U D A D G G A L K M Z V I T
F C O K E X V B G R B Z R V T H K D E C K R
X S G D P V B C A M R M S T X M S A Z T O E
D W S W L Q A Z L M R J A L S Q G A Y C V P
A A H R W D E S D E F B L Z T P Y G U V S A
P G L S B L E L Z F Z N S W V T U V Z M K K
W K Q Y V P V B M H M A R Z I P A N I W Y J
O A H P V I B U H Y E E Q D W K U X P F Z Z
I S P A N I S H C H O C O L A T E O I Y J D
I Y Z W R Q H M W F Y H R G H O K F S E T Y
```

ARABIAN COFFEE	BATTLE
CHINESE TEA	CLARA
DROSSELMEYER	FRITZ
MARZIPAN	MOUSE KING
PAS DE DEUX	RUSSIAN TREPAK
SPANISH CHOCOLATE	TCHAIKOVSKY

Mary, Mother of Christ

```
X N U G K O U R L A D Y O F L O U R D E S J
H B M W O U R L A D Y O F F A T I M A F G J
Q H G G G N J T Q Z W V V G T B X V K M L Q
Z R B B Q N P C A U Z U X Z N S E T D E M T
M A M F N E K U Q C E P U H J I I O B X E V
O M N H Z D Q W B U G E M K W U Y A X Z K D
T V V L N T J N F R E D N P A O M A Y H F Z
H H I N R E J C B Y M E R O K C O B V J U V
E D O R F Y V H R Y K X N P F V S Q Q F O Z
R U U L G O L H S D S L M O Z H R R I E R I
O F I X Y I B J Z Z U U T T F Z E N B N B S
F U O H L M N V O I X Z W Z Q M F A W M Z H
S L G X R K A M H T M A D O N N A C V V B V
O L N S B X V R O I N G C V M K Q R Y E W M
R O J B L W X N Y T Q H D I I Q V L T N N D
R F Z L M F A E Z N H Z P V D Q V B R Y P T
O G Y S M M N B D F K E U P X X D B J E R E
W R O R L R J H Q L E Y R E D S L A C K J S
S A I Y L M O R N I N G S T A R S B I G U T
D C R K E N O U R L A D Y O F L I G H T E Y
I E P E P O U R L A D Y O F C H A R I T Y Z
B L N O Y P R N I H R R Z U D S D N R N G F
```

FULL OF GRACE

HOLY MARY

MADONNA

MORNING STAR

MOTHER OF SORROWS

OUR LADY OF CHARITY

OUR LADY OF FATIMA

OUR LADY OF LIGHT

OUR LADY OF LOURDES

QUEEN OF HEAVEN

QUEEN OF MARTYRS

VIRGIN MOTHER

```
N N Y S I S K W G B O G O S O M Z P V L G A
A V M G P D R V H O U L M I L K Z Z S L A P
Q X M T E A E U Z X F R W L D R G C G A S S
R U C G R N K H F N E W A X N P W Y S I M I
W C T N N H I J T T Q Y C S A P U R V I H Y
B W Z Y B Y K F S I T H U G V M O W L P C A
Q A Y F L V A I S D R C B V Y K N D G S J M
U W X U H S L E G D R B H G A R I M F I C R
X B J Y S L L M Z A Z Z C S B P K K Q R P M
F A L C O A S D M W S A M A E A E P E T E R
H T E H Z Y V N Q J R O C N R O P N R S N N
B E S V C Y A F G O U S N K E T J P I L N J
H H B A H M D C H B B T D E D A I Y L R Y S
H U M C I I E P K J J O J S J F Z E I E P F
J G S E J N E E I N E R R I I F E R R G A T
P L N W P S O H Z M W A V C B Z O O V N I G
T R R M V U Q V N H E A A Q B A W J P O H O
T J G Q Z D V Z C S N O N P Y P W J E T Y E
U Y N O R D S T R O M T A O G U Z Z V U U S
U K B G N E K P Q P H Q C O T Z N A Z U S S
K W V U V N V T V G T Z D P P X T C F K T C
X K O S S O H U F O Y Q P T G Z X G V P Y C
```

APPLE	CARTIER
HOLLISTER	JC PENNY
MACYS	NEIMAN MARCUS
NIKE	NORDSTROM
OLD NAVY	SEARS
SEPHORA	ZALES

Santa's Sleigh

```
H M S B L I N K O F A N E Y E V U A J X D R
N F S E Q Y N H I Q L I G H T S M K U B R T
J V T W A T E C H G V B I B X S Y B W B X M
H T A F Z T Q C H A I H J A O C V D L K T S
G N R H O Q B C E I O Z A L P V I L E N D K
X F D E M A F E E T N B W P U U S G X U C F
P Q U B P E O Z L S P E E D O M E T E R Q U
H C S N E L I G H T N I N G S P E E D G B G
R G T J E N P D A T P J Q D K S V S F T C H
W U P H M H Y X G O L W S J B B D O J P H W
M R R C M D T A B I V N R V T K U O D R C O
F L O A Q U V M Q K G I N J U Y R I A H A B
W W P O S H A N O I T G R Z X P H C I K X B
J J U E S D Y B E M A S W A A F N O N K K I
S R L U F E A R S Z Z U X W H C G X V C R U
T F S J F Q S U J A Z X T H Y N W O O D E N
B S I T Y N P T M J K T G O I Y Q I T X G X
K T O T Y N Y A B X L U X Y P D K T K U A W
I L N M W E M U I I Q E L U B I R K V U X J
H L B O A V X F H Q J F O M Y Y L I K B U W
O Y X B F E F T Z Q P F U D X J R O V L J R
M S U H E A T E D S E A T S F T E O T E H H
```

AUTOPILOT	BLINK OF AN EYE
DRIVE	FLYING
HEATED SEATS	LIGHTNING SPEED
LIGHTS	REIGNS
SEATBELT	SPEEDOMETER
STARDUST PROPULSION	WOODEN

A Visit From St. Nick

```
K Q N P P O G H Y C S M C N G S X M T S K E
K E S E E A T V E F C D O M D N R B K S Y W
B H C S Q E V L M W C N U V F L O N M Y Z G
B S K H M X L F G I A E R E V Y H Z T H F V
B R P U T K F C W V H S S E E J W M U F R K
E F G T W I Y W T S D T E S D J I Z P X X E
T R K T A B G Y Q P U L R K E E G W A F T K
W E L E S O T B Q D A E S B Q N X J J O P G
C G E R T N Y W N I X D A Q I Y X T E Z B G
O S N S H A N C I N F R K R J V R V U L D M
N U X T E W G Y Z N B J R K L S G H D E J M
V G K X N X B P T Y K I C J G N L P L I C S
Y A G C I K K M A L T L E F M Z C T S S T O
T R L M G C I F H S B A E C F O S X K S Z E
H P Y Y H L F O C H L B I I K I U T P Z Z T
A L S S T A R V R X X F C C H L L S N Y P D
U U B M B T D W E F C H J W E J Q Q E L C Z
U M K W E T U N A B M Z S R A G I K M C D A
Q S V A F E W R T S D Q T C J U N W D C W H
L F T M O R E U U R K S M D W W P H P K O D
H Q I R R L O Z R W U V S L I H L P C Q T X
O R B L E J V C E L W Y X H L U U Q A T H F
```

CLATTER	COURSERS
CREATURE	LUSTRE
MOUSE	NESTLED
SHUTTERS	STIRRING
SUGAR PLUMS	TWAS THE NIGHT BEFORE
TWINKLE	WHISTLED

Elf Movie

```
Y M S A C E M Q L K E N O E V F K W S U Z L
P R J G D M I L E S F I N C H I F J F H E R
D A S F V V F R F G D E R A Y Z J Y K A W P
K J J U L B E B S U N N J A I Y E S D O M U
P E J E S Q Z N S H G N W L Q X T U V B S O
L U C Q F I T J T I T N C J K O Q D P L X I
E J J L C M E F R U E E V M K I R N L L A W
N X O I D S A L S E R D N M K S I E C T F X
C G S Y O F R L R K D E M I L Y W S N U K V
K X F Y S D R G N E W Y O R K N V A T D W P
V Y Y J S R N O M H S K D E A F S S Q S R P
N O W L O O K A X E W R N S D E T B J Y S P
G D Y M T V L C A G I R U T K M X U Z P A Z
B M U L L H I Y X N B S B A X Q Y D U C N P
L Y U G G G Q E P Z N J F T Y A N D E V T Z
I F Z M M Q W E G M L M E G G B Y Y V S A J
W L G V I T W H O B V U J T D N U Y W M L C
A D V L V S S S P H I C M Q H I K G J J A I
A L E A Z H S E C I G R H Z D G F L Z I N V
H X U Z P N Z I K Y W B E M O F Y C R S D S
C O R I J I U A O D H V G A B Z E L S G N I
V R Y G B F A N I N V I P B Q D Z L J A Y R
```

ADVENTURE	BUDDY
EMILY	FAKE SANTA
FULTON GREENWAY	JOVIE
MILES FINCH	MISSION
NEW YORK	SANTA LAND
SUSAN WELLS	SUSIE

Decorations

```
Y P I F V Z N R S P Y E L L U C S N B Z I S
Q R A H A N G I N G M I S T L E T O E D C W
Q T Q Y R Y T D C W R T L V O Q C E T T I D
A A U T N G V K G S I G X O W R Z F Q Q C N
G D G T B B E Z H U A Q B Y V T U W S T L C
Z V S Z D Q B T K R B W Y L H B A E S M E E
A E Q Q C N A S T S E G L F N M V O T P L N
H N O K Q E C V N T F L J K G A J S R D I T
K T J W R P R Q V S T I Q Q E T C W I L G E
J C G W I W J M H S I T M L U N R G N N H R
S A F P F X I O L O N T N P P J A K G J T P
F L I I W T U L L E W E Z I V A N M L Z S I
V E E N R R D J G B E R X V I Y B F I A D E
B N S E H V I W J R A Y H T W J E Y G L E C
Q D N F S O E S G B Q J T X J W R E H X K E
D A V P O M U R O Y F E M U W T R E T M F F
F R N T X W E J N R S X S L M B Y I S L Q M
E N X A M V R U X N T G S V U J C E T H W K
C W Y M E I J N I U G X E K Z C R S D Y R G
N F M N T K L O C Z F W M D B Q L B S X V Y
R N T F J D P H C Y Y B D K J S Y Q L A J Q
K D I G R R T T D Y E O G T E W Y I D F R W
```

ADVENT CALENDAR

CENTERPIECE

CRANBERRY

EVERGREEN LEAVES

GLITTERY

HANGING MISTLETOE

ICICLE LIGHTS

PINE

POINSETTIA

STRING LIGHTS

TULLE

WREATHS

Family Dinner

```
S L I Z T L M Z N M M C M C Z Q A B G U I D
Q R Z D T U Z G A L B Z A K W T H H V V N T
Q L E Q A P T X G N E V P S T U F F E D V I
D Q W U O M T R H Y U K Y P R M T E L N I L
C M K F N W P E X F B G S C P P G N F X T R
Q V G O T I Z I E R G M P O O R Z Q M U A Z
C B I O W A O G S R G P G U T P W E I Y T O
D O W T B A I N X H G G R S L B X P G H I F
W I C B R O A X O U B U F I U V Z R N D O F
V S V A H S J G C L P O F N C R N H L K N R
M T I L W X G P G L E I J S K E N F Z M H U
M E R L J T P N E A O C Y W Q X C C M N O J
V R L A V E I P B B P G O Z Y G L L I C D K
L O D M D X F D Q A L W A K Y T C R Y C H O
X U P B A L T Y K L E O B T Z T H Y Q S C F
C S S L O Z P H O O F B V M H O N Q P Q X H
M U E T Z P I F F O R X U A Q E Z A D A W W
F R K R U T O L M H J S C U F L R L K N D C
C M F Q H M K U C A U E U X P N D I Y P H L
V X L G O U T M O Y G B L E C Y W A N N Q H
Y L Z G H F O R M A L A T T I R E U M G M M
J N B H T X O F Z P G X P W G D W A Z G Z U
```

BOISTEROUS
FOOTBALL
GATHERING
INVITATION
POTLUCK
REUNION

COUSINS
FORMAL ATTIRE
HULLABALOO
PEOPLE
RELAXING
STUFFED

```
S Q P K V R P M L S N G A J M Y H K Z N Y Z
Q I N S S O M C S N C E F L V U V O G Z T S
E L A G P G J N J O Y H Z F L T K N M H K C
J M Y Y W X S Z Q W Y O J H I T V H H Q R C
Z T E K J V P P H P H B K H L C A N A N L C
S C F L S D A T O I L F M A S X T Z W G K K
J Y V N T T U I F L F R S J K H M B N K V S
W E O S C I B D S E A K N T T D F I N U N M
P R X X H S N Y F S C S X C U V V B W X G L
Q Q B Q F E D G J O H K F Y I R A X T W J Y
Q I G K C D F S R A Q O P A E D D X X X R T
E E T I U F M X N H N T V W R U Q W P E W S
T Y V M D D A I N O K I S E T U O G P X O N
O O X G V B Q G I M H Y Z S L L U P P W D O
W Q W B A Z I T M X P L A P P I I Y N A V W
Z M E X H I U M B L N C Z W T L N U N E V B
G C E Y W A V Z V W E D O S S Y O G K M L L
R L G C C X W G U R X N P K A G F G O T F O
U V G Z N T M Q O L S H O W D X I D D T A W
C E L K H A I F G F Y J U V A J F X S H F E
J T D R I V I N G C O N D I T I O N S V Z R
Q X W M V L B G W C L R I Z N H C L B K D Y
```

CAUTION

DRIVING CONDITIONS

FORECAST

MELTING

MUDDY

ROCK SALT

SHOVELING

SLIPPERY

SNOW BLOWER

SNOW PILE

SNOW PLOW

SWERVING

Rudolph

```
Z U U H G N U Z C T W L U W E N V X L T T P
P P G C R M Q Q K Q Q K K Q S U E V E Z Y F
U E I Z U D Z D A F N L D T T H X D J R N G
K S D I C A Q O C R S B O J Q Y I S K E I P
D K V W Y G A O Z Y I S Q F B U B Q F I D Z
W P G L E E G D T H B O A E G H T U R N Z O
K R N P M Z R H O Z H K U F K N K Y E D K X
G E C E A T G G F L M Q X C A E I N D E Z H
D Q Q H E J W V F N R P C G L O W S N E X D
D X M T F B U Y Q E S Y P O F L E J O R B D
B P H I S T O R Y C J L O Q C O Z P S G M Q
V S X J V R D F T W T Y Q W Z I G O E A B M
E E I Z K D E E H F N X T N G V G G D M V J
Z R G D E N F M A I G Z Z V J H K M Y E M X
S J R J H V U H H V C H Z P M T Q Z F S K Z
R N E H W G Q S Y S R I A K O S L E I G H V
O C O P Q P U R L H M X R X N N D Y B J B Q
Q L E W K S X F N U M A A E S H O U T E D C
Q C C A Q Z Y V Z H P Q R K Y S N I Z U Q W
I Z K F R X S D A A Z B A G O R O X V V L R
M E B M B O G L O V E D C S E S S I R I P Z
H J O I D K J K L I J S O A D D E Y M V A S
```

FOGGY	GLEE
GLOWS	GUIDE
HISTORY	LOVED
NOSE	RED NOSED
REINDEER GAMES	SHINY
SHOUTED	SLEIGH

Wreath

```
Y R K T C U S Y X I K S R R H V Z G B G S Z F T T Z I O
Y T T F Y U S K O N F Y D X Z A O G Z S U Y J S S N L G
Y F E S T I V E L S K U K J D F Q Z E E G N E S L T M W
E P A X F Z D Z R D M D S S O F H Q C B Y Y C Q A K T H
Z X J W C F Z J K C Y Q S Q R C O F I Z G V R D L J Y X
X E Y Z R R I K L W Q N U H R I E C B L Y H N Y X I K J
P O R V W O Z F H X O V J T C O P E S K F O C R I D P Y
I J B Q M S Q A G Q G S J M O H U N F W O V Y D W S V V
N N C J S T D K R K I C Q Z R C I N O Q Q I Y O H R J A
E S F K R E X G E F E Y F N Y V Q G D R D N Z O R S W E
N K N D R D E F H R Z S U X D V R A Y T K L S H C Q U B
E N L C E G F X W O R Y R N N V I Z S X T R T W H K N P
E F X D L R H I F N N I O T C R H X D V X R E K E B D S
D T Z Q Z E R G N T U D E C O R A T I V E R W F E D U V
L X G J Y E J V S D L F Z M X S C H Z S H M P X R G I O
E U T P N N Y L N O K E B J M G J U C B A N T Q Y B R Y
R W U H Z E C F C O C H I P I N E C O N E W W P C F A Q
P L R Z D R R R N R Q H C E G Y K S C F R I Q C M M S H
M C G C R Y S L L I E R W E M F F L E D T S K R H A M O
R F F A M I L Y N A M E M F P N Z R R P H E P A P C M T
T M J Q T Z Q A Z X Z O I Z X W J Z E E L V V P I S Y Q
M I A L E Y T N Q V C I Q H S V K X O G I B V O W X Z H
Y V I L N G G V E L U W P W W W G N S J S W Q F C H X C
I E B Y P V R P E G F K E S K F Q V F T P Z D P A E Z Y
C A U K S E R W P K L E A X G B F L O R A L W I R E T T
S G B Z L H P W V W Z V F T Z P S G Q J G Q B T B E J J
I U H C Z L G J N D S D O I T Q S K O P W V P D Z Y K F
O L A E V F I O H E Q V P J B L I X S D S M A A W B M W
```

CHEERY	DECORATIVE
FAMILY NAME	FESTIVE
FLORAL WIRE	FRONT DOOR
FROSTED	GREENERY
PINE NEEDLE	PINECONE
ROUND	WELCOME

Winter Wonderland

```
X E A R L F S O N E F J A O C E J X S Y D I F Z H V W B
V Y Q E Y K M X A H U K B K Z R L N Z K C A N Y S Z E U
W U M A S X C D K M L R U B B O D G V Y B V I U B U L N
J A D T B S O B C B E Q K O W S Q M O R G W J X J R N D
T H L M R I Z U M R N B Y Z D Q U X Q W I U Y T U C P L
B R V U E V D H Q F I W H F L N B H E X W X S U G K O E
H K S K E I X D G X D S P T L P Q X J U K R L Q V Y U D
D W M N Y D N O P R E M P U F R I E N D L Y G Z W L T D
R S Y X O F X H I V T B Y A T G C L W Y O C S L D Q P R
Q S O X R W K B O C W Z N U I K B Q C K W A Q Q O F E X
J Q Y M W T I S R T I Y M V Q R U F M L T T G U B V A E
F I P Y G G J N T E K C J Q N L C Z G G E J L Z I R E Q
E K W N N O R A G N I F L O L W A B S L M S B D T C Z S
X Z T N S E Z V T C E U J E J K E K P K P A K S Y H S O
B J C O A P K R E D L W B E S T X Z P Y E I J Q C R C I
H P A I Z C V K M R A P Y F K Y R T P W R C T E A I E D
A W E L K T P O C S R J A O U F N P B K A E Q M K S U C
U B F M I K Y D K C R O W D R G F D T J T S E V W T O X
P K J F W O N L J G F X M A K K J S N I U K M R Y M S K
Z Z E U W L S R H O N B S P X N C Z X D R A U Q U A F H
G Z S F T F N O U Y R X H V D M A I G O E T J W F S X D
Q T L A P E B H O Z V I S J F P G I T W Q E I N Z L G J
L B D Y N S L Q W Z A X O F M A P P Y Y O D N I H I Z K
B U X H D J H O L D I N G H A N D S S S V I M B I G Z O
V J D S V Z H P O F O D R V J R Q J K O T N P A Q H H P
R U Y F V Q K Z N K E C Q U L S H H M P N V R W Q T B B
N A A Y X M D Q H U W D A Q W Y H I T O K P M T O S F M
V H R F N K T G J W R I N P G D L G E I A B P J A Q L U
```

BUNDLED	CHRISTMAS LIGHTS
CRISP AIR	CROWD
FRIENDLY	GLOVES
HOLDING HANDS	ICE SKATE
ICICLES	LOW TEMPERATURE
NEW YORK CITY	SNOWING

12 Days of Christmas

```
M H G I Y S H K K S F I N U P A R G V X Z E J X U R O H
L Y U L D E Y N W V J N V Z T S L T J A F R A M C H O Y
E Z Z A F X I N V G X T A O T S F Y P E G N T C E S X S
H K F W F R F V E F W J P I U I S P Z Y O L W G B O A A
M H Q V C W T Y S Y T A V A L H I E P N Y G D U V P X K
U Z E Z B G H S Y Y Q W X F O W P N Y V E I S S H S A R
C E T L A D I E S D A N C I N G P T R M R X J Y E C C D
F P T F Q V X L O R D S L E A P I N G T P W T Z Z T S A
L I J F V S W B X E O T S J Y Y F S R O T U E I S R G O
T P E U D R N R U K A T A R U Z C A E O H B E T I E N V
N E Y K P K B O X V C Y M K A T P S T V N C P R P L T Q
D R W Y H G G F C O O K B R Z X E Y D V P T J S K W C B
D S G R E F Y R Q J C K D C X E J M M Q N H D Q R I S E
H P R O Z V R F K Z W R E H G K U N V F R V T X K A X M
R I M O L D E E G H I C M F D R U M M E R S U I E B Y F
L P E M G D M B N B A P K C D H G K D X F F Q M T T T V
G I W X F N E L G C P T R E X N T I R T U Q W V C P X K
G N F M L T S N G G H X T A W T T X G O H P D U Z A N I
G G G Z Z N I R R C L H U A S H U L X I D O R H N N C T
M G P J A L K I F I H U E E K V I R Y E X F G Y M D E V
Y U R W L K S E Y H N C L N T V D E T C E I X U U Q D F
N K S A E I O O T H O G F Q P O W G M L R F K D N G R T
P H C M O X A Z E H D C X E S J E X K U E L M J T K M Z
Z N U I A N P O O O G U A I L X O G T W C D T Q B D F M
E V D D O X J Y B K S Y J K A W X F B V M P O V C B Y A
V V V P Z F S F V P O P O F S K G J M M L N L V N F H I
Z K C M R G O K C S B Q H H R M B J U E C F M P E O H D
F H N W Y S V Z H H M B T K F G L K S C E U J S Y R V S
```

CALLING BIRD	DRUMMERS
FRENCH HEN	GEESE
GOLDEN RING	LADIES DANCING
LORDS LEAPING	MAIDS
PARTRIDGE	PIPERS PIPING
SWANS	TURTLE DOVE

Sledding

```
Z G F L F Z T G F F T J K G L T W X H B N E O N Q R N D
O F H H V U P P S M U A N G Z I V Q D N A P D C I X A Z
L U P L C C V I O A B G C I R H F H R F W B G Y W V W Q
A K G U B M Z I U X W Z I X V J Y W R F M C O N M T D S
K H X G B S E R Y L Q L T G O B U M W A J F E B R S A M
W I O E O E G K N C J B S F I R O R I D E S B S S U M B
L X K Z O O S E A F H U U D N V V B T V C P I L D L Q I
O C H Q I M S R T O S U Y D O L C U S U G B I Q S B E E
J C D R T Q N A D X E Z T F I G F Z S L B C F Y Z W J D
B M E F H V O C J A Q A D C S A S W W V E I J R L Z Z I
B I Y V O U W I M C P D L Z I S U L C T B I N U D V E L
R A T V E M B N J S A O X Y D U N U E T D N G G H T R S
B P G N C M O G M Q C M R E Q E I O E D P N U H Y V R Z
B Y N O E O A F L Q J O V Y U W I T W A R L Q D D G D F
U X H C T K R P G O O B P M R D D C P M L R V T T C H W
B N T I Y Q D C C D A Y Y J Q G D N M I O J Y W I D X M
U U O P A K I H P G P N S H J E X S H V N B A D C K K E
B N N T C C N G N M R J Y L F Z Q N H I C N I Y L G P G
T M B A V Y G V P I C R T J I X W F T S A Q J L E W A C
E H D X Z W Q G R A K B Z C I O I C Y G V Y A O E R Z C
F Y Y N F M C R O A X P N Q D C Z H G J L Q D V A I Y H
N I S C H T N R N J P N X E E P K O L E L C W P F R B D
O J A C L S K I P N D V J O R O B D P C I C O B C H R S
V W Q M M C J D E M U U T Z J O D Q N J B F R D G A O U
W L B H J J P K Z U W D S T V G K I W F G W I N W I O
K T U G M X N F E B I Y A L X D C A W P P C E B P D R Y
Z N Z C J U W S R L M D E E V S I Z S O R L V G G E Y U
M M M U M U P Y H T A C E Y P A Z Q E G S R O Y U T D U
```

BOBSLED	BOBSLEIGH
DOGSLED	DOWNHILL
LUGE	RACING
RIDE	SLEIGH
SNOWBOARDING	SNOWMOBILE
TOBOGGAN	TUBING

A Charlie Brown Christmas

```
Y K D R X C H V R Z A L N E I V Y E C D U H A C M R F L
N E X F M S B S O W A J N A X B M V H E N U I T R D A O
O G H U M S F N Y Z S G D H N U J K R O D U R J D E R E
X X V P S U X O A V I O A P N G X K S F E Y J O L I L A
I X T I M X L T Z Y Q X O I I S E A E O P T J Q Z T E M
V X L Z Y A U D L L L Z M J Y X E L P O K D O T W V F C
M X T C V D D M I W L U E A A S U I O I V A X K U A Q M
Y S U K I V P T Z E L N L Y U H Z N K X I W N O S P N F
B L T T H W T F M A W C O F V T S T C M Y D O E S N N C
R N M T O N J B X R F L M T K A Z K P D N C Z R F J E B
C B W J R A D A S D M P Q S J R H E W U R L G P B G X H
B V D D Y R G V M P G H P P E D G Z V E U N J Q Q Q Y K
C V M Z N S L K Z V L D A G S U O U D H B A U D X Z J E
W V N F J S O W R F P G T W I S T L C Y A W T G X K T Z
R T W P A A L A G U E Z H B U N X S O N S E Q M E S I X
D G X R T D M Q B U A E T N V Q O Y E S L M J D Z B C N
D Q U T O X C D U A N G I S G E A V C O T X N S Q J F Q
X W S H K O W O E L U L C D E H O Z I X X O H M I Z F I
U G K U T M O E W I T N F M Z H K V U Q J C N O S K U F
G U L O B B K C U S S Y S P T L W P I F I P C H H W G O
P U B U C D R J T O K U Y E J Y A H F R L F O L I U O I
D Q N I Y X W N P G W J E P J O U E S U T M C D G Y A K
Z K A P M D E U D U Q B B U K Z A R L A Q M Y J I C T L
K D P M J M H L Q M I T X X S G P F D R I K E N J F H W
A D R W A D W W R W O O D S T O C K D D D X T K W D R X B
O A A N I H H K Y I J A U O P F B Z Q S U U H G M G A V
H I R B K V F V C L K Q G Z L K C L I D X S F A L G S K
C O C Q E C F J B T Q O I J I Q O U X M X A G S N P M Y
```

ALUMINUM   ANGEL
BEETHOVEN   LINUS
LUCY   ORNAMENTS
PEANUTS   SCHULZ
SEASON   SNOOPY
VIOLET   WOODSTOCK

Santa Suit

```
O F D E V E O H V B Z M I Z M P I P B L Q H X U O N M Z
U Q B A R D T Z W U F A V P R N N X F T S Q G C H N K A
F K F H E E W U K V A R R I G N H P X F E M L M P I E T
N T I X V P J Q B J U K P A W H V I P S J V G L X T F S
X H T L R T B E L T Z Q W S T Z A X R R X Z Q H S L P B
L M E N W S E O B Z J B F W X V T E X T R A L A R G E J
E V F M Y H Z S U X F P S G E E B V T D O B D Y I H X J
Z X N O O T I U G J N J B V R L Q M F F V L Q C C J Y N
H P J N F V C T L I I U E X F Y T F A L R T Q A E O H E
N W S K R D Q I E K V E J X A O G C E J Y N T X B W O Z
J U C I Y O X B Z G L L L W D L V C E M X S Y Y E F P X
T E Z G M E S T L B L K E N Q Q P C S C U H U N P G N G
C E A D U F A M A N T O I Q S G G A T M E K U F A P G V
R X C Z B X M T L S C O V V B U C K L E K S V R O T L R
N J B D N S R J S R E D I E E A F K W G P M E O E O A D
J N X J H O S Y J P U E V P S R N T M E C D H P M Y S W
Z R C V F B L A C K B O O T S N N S M T O M S Z P Y S L
Y E O M S D P V T U E D F T J O H V D O R I Z X I L E Q
S C O Y Y Z D A I N Z A S Y C L Q M J E E V K T N K S V
H C U N T O H C P Z W T Z M W D X M U M N V M M D W T R
H J R O Z A R P A I K Z G N Z E J V E Y Y L U X F R R G
A C T Q T E E Q T B U R D Q A W C O H I I Z N X L Y A Y
M B F N H J J J M O F G F F Y D W A N S A Q W E M Y R N O
S X A S K F H L P A L S A Q U K L G C J B U X D T X A W
F S Q B U F Z L I T W Q L D D J S N L W R D E H U F J N
Q K R N I I B H H C G L C Y H J T X M W V K K H S G H U
N J Q O V L J H Q O F Q U T T D K R T F D P G K L I K
K G F P E C W B W W A Q D X H D U S X G Y S P L H A O W
```

BELT	BLACK BOOTS
BUCKLE	COMFORTABLE
EXTRA LARGE	FUZZY
GLASSES	MUSTACHE
RED	SANTA HAT
VELVET	WHITE GLOVES

Secret Santa

```
J L W V V K E W H F F U S E L P M V W G B L Z S B K B C
J E E D V G Z U O B P Q I L W X D J N I S U X Z L E K Z
M G W D G F U D U X H S E P W S R S N N O V L L P N S I
X J W I Y W I R D Y J I J W K H J E A X G F G U T Z N F
U U U O L H H G L T T P N P B P K C N V A A H Y M D Y D
D L I T K J J I X E F E M O L W Y R W V G O M U A Z F C
M K W L Y A U S T O S O O D Y B F E W U R M O Z R S Y V
W L S R B I V C X E J O P Q R I C T W S Z S B Q Y U C J
G A S G F Y M O R C E K A J R A X J C L H G Q W A S T J
C P G C Q B M R I N R L D Z Y V W I B A L V A F E T Y A
Y P I Y S J G K T R P P E Y G Y K N R K P H F M P L G J
Y S F B Z L M Y M O S J J P P B M Y A W E E Y S J V R X
I H T B U D G E T L R J Z D H U K E N M C V I B M V Y N
C C E P I W Y U Y K Z G P B X A D R C G E E I P N P E F
I R X H X R S O K A B J A O Y Q N E L O A S J W V Q X X
G U C G D E U N L N O F T N F J Y T A V W D I J D N Y C
P J H G S Z D G T Q Q T Q O I T C S E E N O D K R M Q D
M N A D E I Z K M R P U Z R M Z T K U K W B R C T W J J
E D N W X P L H V G A D C M L G E Y X F Z C M K U W F X
T L G P P E P Z Q B P D H F P L Y R X L U T M K E W V W
H I E A G I D Z X S I I I Z U N A C O O E R U L Y R K A
Z M H R P T H A N K Y O U N O T E K P R S X A U M W S Y
O T Q T Y P W U Y Y F G H L G G I G Z O I G Y N B V F G
K D S Y Z O L D M O F Z N O E G R M E I I B G H D S O M
B W N U B G X S F J Q G Z U T A Q B P W D Z S O K O X C
M O Z W Z F P Q V B Z S W M K S T Y M B O M D W U B M R
Q L S F P T X L V F N I G B U P R I N T K R H Z O X O O
W B I A Z I K V C A T Q A Q A W N K Y C S G R A F P L T
```

BUDGET	COWORKERS
DRAW NAMES	GIFT EXCHANGE
JULKLAPP	ORGANIZE
PARTY	RANDOM
SECRET	THANK YOU NOTE
TRADING	WHITE ELEPHANT

Christmas Photos

```
T P Y W H U R M I W M L I B P B Z N F N M U Z Z T S X R
A X P O E L G Y I P V F W S R E C S U L V U R B S M O L
X T V P Q N N M V V C U H J Z N M W G C O R J A R L L G
J W V D M Z L C D I B E E U V I Y B Y M L H P V W L O S
C T K M I X M Z T R C Y H I Z P J Q O W J T L H X K Q Z
Z Y T Q C A D O U F E B P H O T O G R A P H E R B G P H
E E H H L J A N U U V S J W B E H S N C Z X E F X I F D
H C F L Z H H N I G X M S I N G B C M A Y B K M L M L E
O D V V C W M Z O I S S L I K N F T P B T Q Z C S G A D
V G L C C I R K A Z P M Q U N A X Y O H T O X O K T S V
H S U X A R R A N G E M E N T G Q C S X M F H Q P B H S
B W I Y F H D V O B S Z I H R D U J E C Y E U Q Q H S O
H W G H O O S N H Y B K Y A K D E P S C G V J V I H G G
Y G S P X P V F G A V D U W N F A G L R L B P K V A B H
D T C O D D Y Y N K B O S C I W P Y Z U Z X J F T S W M
N P A Y B C Y V Z M G Q M H X J B V J Z M V R G A J H B
Q X Z T K I H A D J I U M W R E G Z W Q D E T V S Y J A
N C F S K Q N I K W U P H L C P D E O V U N N D S H N V
L B E M G U R R L H B A C K D R O P P U W A B E I L D H
A P Q I Z B L D U D Y X I K M J A S Q M C F D I N R J R
Z M Z L E G Z Q E K R P N O A H I L I S J K T U V V H M
H Q F E B S O K S T G E I N B C O I I G T B C V T I C A
Y R H S N S M I S W B E N J E O H Z V E K I R A L M A J
P V L D E S A Y X S I H M R Z R T Y I S K Z G Y M G H U
X C Z E M T I Z A W E C C D T O O B K T B O F C E E H W
U B O N R P L P P D T S C H R I S T M A S C A R D H R U
S F R V V E Q P P V A B O G B O E Y E T O U S U Y M E A
P P T A K Q D J T V L C T K W A U Z Q W L H T T Q E A R
```

ARRANGEMENT	BACKDROP
CAMERA	CANVAS
CHAOTIC	CHILDREN
CHRISTMAS CARD	DRESSING UP
FLASH	PHOTOGRAPHER
POSES	SMILES

Candy Canes

```
P V T I X I N D I B Y S W S Y F N K V E E R Q B G Y Y
V E W Y B P Y Z S U T F P K U O H M J M S E A D B F K Q
X K P A Q N J B I L U N C J J X N K F Q T W E J P X G D
Z W M P B H M I N T Y I R U K L M R F I E D C V O I M M
M K D E E H V B W L T B R D Y B O D I O U O L S W S K D
Q C O L B R J M O S B Y O B X W J A O N B M Z C J D K J
Z K C Q Z T M I N D Z T R A D I T I O N A L F O N I Q G
V F B C O Z H I Q D N J T F D P O L S F T Q Z C R S E H
L L R Y S N R Y N G U O Y S A M X S A W B G P G J W M L
I A W Q B T N P J T U W J C S R Z H S T E G L H J A L N
N V E Y I Y R B R O B Q W U Z R O Q W M Y E W X Q C T K
U O V X Q B M I U A I A F H F E V L Y H F T T L V I O V
M R Q I O Q T V P Y I G R E B D L O F N U Y C D O W R T
H F Y N D A C H A E W Q D K G A Z T N O L T U L I D D M
U U B A N H I H E Q S Z A I J N P Z X O O H B M W B Q O
R L T T C A N G N V Z S O O D D E S K J X T L W S U P M
V G P K J R Z X A R S M W A A W U G W C K E G H H P W L
R U B S Z D C H O T C O C O A H T X V S X C J X M Y R N
G A C O K C B S C O T U U R Q I J E J X D A W C H H N X
Q I J R L A J H W F C H G T J T N W Y A L Z Z C P C S T
V N M A D N S P C J A N K A W E O L R R A B N R N M Z Q
B L P X N D G K U Z I T X D C F C K F Q A U M J O H M A
R O T I Y Y A Z R P E C E V A H G U L X R D V R C V A X
I F D Y I E A V P H Y S U B C T O J R C D P J U Q F W
U I P H X M N O E J E R T C X A M E H Y T I T H D Z G E
E Y Q E A M T V S A B U R E J C S T G U W H M F R P Z E
Z M L Y E M Y N S D Z C C X O Y Z C T C D J N N T Q L W
Y R L O C S B I M O C M R Q A R F D G Y L T C D F G M K
```

CRUNCHY
HARD CANDY
MINTY
RED AND WHITE
STRIPES
TOPPING

FLAVORFUL
HOT COCOA
PEPPERMINT BARK
STICKY
SWEET
TRADITIONAL

Grandma Got Ran Over By a Reindeer

```
C V U D B M L U X D N B D R Z Q L E N S T N K N D Y H B
T X I Z F A X K Z N H X L T C G C J A S U Y X Z P Q D M
D W N A B G O G B T U G G P H T U D Z R L W Q G H W G Q
D I C M M L D E V J Y M R P P M B C L E N I S K G T P Z
K L R Y B J P M H A K F T A W T Z H N N M M S U K U C W
Y I I F O S Q S M H U V R E N F W S C N C O B F H W L Q
O U M B Y B T E B N T X P S B D E N A R K A U A J B V T
X H I S T X H U U P M Y U A J Y M P P Q F M N B Y Q B H
Z I N P Z X A C M U F P D L U G C A C L G P M D W T Z K
Q J A H U Q K W J B H G B D G R A N D P A F W C L W Y F
X M T R H D M N L Q L N E P V P U N T R E E U W R E A E
N U I O C H D G L I B E W G U Y K Q B S G Y H I H Y I Y
M I N S J C O I N V F K D Y X B S H Z V P Q P S O A F T
M N G T M J H O N I D E H S W R T O D Z B T K E U D P O
K Q T M T Y J P F G G X S Y X H I A J V N W T Z A O U J
E Q W U K L S H Y P Y W Z B L P E O T W T X E C V M O V
T E J M H G B Q V X R Q J Q J H F L V I Q J R M T I E S
I G G F O G E U Y G H I O G E Z K S Q N D T Z G U R C R
M B I C O D L D H X J K N R U C I E M Q B I U W W F Z M
F E Y N Z E I L Q J Z T O T K K L I S B L C T E M B B R
J C G Q W L E N A L B F G F S Y F I M E D I C A T I O N
R G I Q Y I V P O N Z W T X S W Q U C A L T M L G F K G
E G K W S D E S I A Z V M N Z E C P Q E W W I O V G P O
U A X E E F U L F Y F J U H H D N S J W N W W I O F R X
A U B U E Y Z H P A P H U Y O I I O Y F B S Y Z K N W
Z B J J T Y I X E L Q D Q T E Q C R X W B J E J G R K C
N W T L Y V J N B M R P R P E E Q O Z O U C H B Z L B Q
O N U Q F H U S O Q T W B J H S C S I H H X A B O M L N
```

BELIEVE	CANDLE
EGG NOG	FOREHEAD
GRANDMA	GRANDPA
HOOF PRINTS	INCRIMINATING
LICENSE	MEDICATION
PUDDING	STUMBLED

Baking Pie

```
X B J T T P S R T E G P A Y C U A E O F G G J S B S G X
B N Z H K H J O G C A B J X M Z Y A D O U I L B U Y B U
D V D C V E N T H O L E S O U P C V L I V Z D A R H D C
W L Z X G T Z H P U Z H J U C R I M P I N G R K F U H F
G B V M B V U E E P U I Y A V R B A H G J A A I J W O A
Q T P H T S T J E N G P H T G H E C N T J G X N H F Q W
U Z B O U A Y K T N J E C R U S T K C O T N P G E A W X
I K M G R J O R I V B C S N Q N Z A H R V D N C B D C O
B B P O Z A K L N P L T W K B S O K Z X X P O J M Y B R
C K C E A H L V B I M I F N U O P W E P Z J U D H G Z S
H E C F U I L P V E Q V J L Y Y F B H H Z C U A I O P E
D D Q Q F V T C S T B K Q Q A N J J R X Z F P J M J X G
R A M D L D J Q J I Q T Y M T K M L J F L Y R G G S E E
S T E L T K Q A C N K K D L I M Y X S O P M W J D W N I
N L A R O M A Z U C G S I U Z J O V H I I M R J U T L Q
W R U K N M T P S D P I G P J M L K N R D G M O L D Q Q
V K B K R Q G E Q W L O A Z Q H J H M X N Z R Y J X W F
E Y P B W V O R L D R H R P U K R W S I P O K D Y W Y X
J C S J L E E L N E Q N E A C K V A L F P M J J Y R E C
Q D G J B T V X Q G G U N S K S B L T B X S S V U A V S
V D R Z M S K J X R X C Z T B M I T S N G F S W M Q N U
T U D O N L V T Y J E K Z R X F P T P Q Y R L H U K M Q
O F R N N O Q R D X D V Z Y K C W V U D R U E C W G R A
G G S N O U E E I R U O Q U G Q V A O Z N A Q C D K H D
E E N M A T K U V I A N O B P B E Q X O W F B H P S C H
N L H E T H Q E Q W Q C O I T G L O K N R M A D P K H K
B X P U F U S V C G O Z Q V K L H H B D C D A M C H J D
N K B G H M F J O O U V M Y W J V O Y J P L T C Q F G Y
```

AROMA	BAKING
BUTTERY	CRIMPING
CRUST	DECORATE
FILLING	FLAKY
PASTRY	PIE TIN
VENT HOLES	

Movie Night

```
Q E Q J D E W Z A E E B I P T M Z D K V N P E O P J H P
W K W A C O K U D F C R P B I V O A C A P B H Q I N B J
E C D G M Q T K O D C B R O J J X U U E Y A S H P U R X
R N O B T Y U K G B M U C G W O H Q Y P M S K T E G U R
Z U A U I I D Z N O F J H O W Y N K L M U U Y O S T S W
G N I U C B O W R C I O H P Q H I P E C T J R C I S N W
W V O B F H S I N M S N O W D A Y K C K R Z R E Q F U S
R E W O Z E K O B X O A S A P J E L U S C K R X T C G E
X D J N T B D I J I Q X T G X C B I K M A O P G I U G Y
M C I Y W M A X I R M I F E J T L C A M P Y D F K G L C
C Q H M Y R Y X L R G A I M L M A X Q J I R N W P Z I J
K F S F M H E D A N H K Q D D N J R I P N C I W P B N R
Y R G Y P T E W C F S L L Q S L O R A K F B R P D Y G Y
L J H A L L M A R K H S H I L V Z S X K T J T O G M E N
U I P A E Y E Z B X G K R C K K B W H L G J P F X H T
V F Z G C K T X K V O H Y E V L F M M X J E V C B U D O
H Y S A N D B P Y S B T W F G H X U N G O M Z O H M J Z
Y Y H N H N D Q K A H A K V Y W A L T E B E P R Z J O V
N S I D M Z Z T A C H R I S T M A S M O V I E N T J P T
Z B H Q I H I O Q E J T W I Y H B W M W N A Z P Z N Y E
F Y J B P D N I M P L S M Y E H V L T H M T E S X B B T
E X M E A D I E D O R K P Q C I D S Z T C P P J O R W U
D E R P H S J E R B D W C S H V F I R F N O K D Z W Y P
K S Z Q R Q R J O U O N E O D K E M Q Z T K F M M P B F
O B D T D A F F Y Z P H G K E Z Y X I J V L U G E S Y T
H O L I D A Y K W D I B L A N K E T F O R T V E Z B A O
Q I E X D A V N S T Z E L J G V S X K D H W L C I M I N
Y E S O S O K L L Q K X D E S Y C E H H F S J J A C T C
```

BLANKET FORT	CHRISTMAS MOVIE
COUCH	FUTON
HALLMARK	HOLIDAY
POPCORN	SLEEPY
SNACKS	SNOW DAY
SNUGGLING	WARM

Reindeer

```
Z X G S A F H R J M Z T X F V N T S U X B I W U Y G F U
K X D P G Y I O L X G G T Z O U K K M B I P L J B O U B
I S P N C V X B O Y E V N U N I N O S S O H B O S N R X
Y L C Q P N D H J V M T K B M V Z W W S E U Q Q R J G Y
P O H X W N J F J V E V X D N Q L Q X L E P K N F D R I
H U J D W J W G Q I H S P I X X W C D V T S L G N G A C
R F K U B Y D A G J O V K J W Y Z X K A U O P L R D C V
Z W F G L R G O Y B C I I X C L J C T D H X U D B K O S
E F P M S A G P G K R P E X Y X Q I N F Y O T N Y N T B
F J P B I R R L C H F Y R V Z M B A Z Q Y C I I B O X G
B T R Y L M W G N M W X F W J A R E D E U J U F R W G A
V U L F C W H L D Z B N K A H A K L X L J O F R D A R A
L I I H J P J F H H T U M R T M S C Q C B H A O I X U N
U I C Y U J O D J H X E A R B I V Q U I G C B V X U X W
Q H H M H C N H J U B L E K F W R S R V D E U Z B C A S
A F E H X E A I S J O F O I T T D A E L L G G F B L Q E
Y N N X X X R J Q P I O F J B I C I G G N B P I R I Z A
M F T C C L N D N G R M S R C B R U V E N P Q R X N W T
H O J L R S G L N C F M A Z Z C G W X W S K U H T P W V
A E D M E B D A M K W A G U G A U Q A S F F T D A C B Q
G G C C P R R A F V S M B N X V I W O C E V V B E B W G
C B R L N W S I X B Y M C W Z Z Z K G S S S W J N T I C
P X Q X M C Y O F O C A U I U O A X R C Y R J F X X O Z
E K W P R P D J T C Z L S M C H G A L K I G X A V K Z F
N D R N E V C W B E L L M M X O O X Y D B J M H F O D Y
U H R D H T W G G E S B G R Q C I C W Z R S H G N A M D
T S K F X H S S B Y R Z X L U E N N F R I E N D L Y T Y
J P M N K R Z V Q J S Q K M Z V S K Y I S M A A Z U L W
```

ANTLERS	BELL
CARIBOU	CARROTS
COARSE FUR	FRIENDLY
HERD	HOOVES
LICHEN	MAMMAL
POLAR HABITAT	RANGIFER TARANDUS

Party Planning

```
O U S L D W K D D R N M D R V V Y G L I D J P M A Y K H
Y X Y L L A F D Z U N G R V C S C X L P P L S Z E W T S
Z D X J K H L B N W X C X A Y S S R V O K Q V H C H S
E B Y D B H W D Z G I N V I T E S P Z V D S R Y H N L G
V E U B O Z T R T Y Z O R O F P O P U E C U F N T W E C
O H M U B O M L Q O T G E I T O R J E N Z G G E K G A F
M A K S Q F R Q C J O A X B J S I C O G D O I A W O N R
F Z L T Z O G B Z Y Z E B M S S V I B P R K Y F S A I U
G T Y U I P N W E M Q G P L J C T K G E D A T F T K N J
C C R E Y C W U C L O M S D E A H R Y O H X L S T S G C
X H A E O X R C U D L D C C R S W B B C E T S W W B Y U
X X A T Y S A J X U B N C A J S E X M Q F M R C W U U X
I Q S N E M P O J E K A P I D Q G T W Y T U L F T G A E
H R N U V R P O J I Q E E X G G U R T Z Q J G P I T O T
B I Y J A J I U D H R V N K U F A Z U I Y P T L Q A P F
Z E M B G K N N X P T Q N B E G J L W U N I R N F O G I
P W X J D G G B G F Q F U N S Q Y E D N N G S Y D M S K
R X K J U O C Z H Y B M P M T S V F Q F B O V A W T L L
J B B N A F A F T S P G M N S T O C E C I M P D Z J W M
J H M J F W L D W X H L F H P L U C J V P F R J N H Z R
E O L H R C L F A D D F Z P G E I V H R J W R A X V B E
E G S L R I I Z Q C F Y Z Z M R E H B L C F B Z N X F Q
W P K Q R Z N T O V Z I Q Q A U D N G P D G L W A L B L
C W B V A C G R I B Y Y M L U L I F H Z Z R B N G K G X
W C U T L E R Y F M S Q S M H R D K V N K P D U E C Z U
S E L A I Z P Z Q S A X P Q R I C Q W B O G Q D Y Z L I
R D O Y W N U W D O N W U R Y O L N S A P Q C A Y F N L
X A S G Y A I N A B L D X D O Y W C W Z D L P H V O Z Q
```

CALLING	CATERING
CLEANING	CUTLERY
DOORBELL	GIFTS
GUESTS	INVITES
PREPARATION	RSVP
TABLE SETTING	WRAPPING

Hot Chocolate

```
H Y Z D D J K M D K A F U O O M Y U E K V L U X S M Q K
P C C O Q E O H B N B W D W N X S O F W R V P V W E L E
A G O X R F I R D D R M Q H X X T Z G E C P C S F A U G
R P C A O R M P F A T Q A P A V Y A C S N J T O C M L M
F R O I E E M V G H O X P R V A T G U L J K U S R P S M
D G A K L K Z M K L O R J L S A S B Z O X I X G H Z F C
L L P I W S P W Q N I U M D O H N Q B H J W X Y F M Q F
A F O R E H W M G W E B L E E E M I V L F M K J W Y O X
Y Y W R P Y A N Q H S N L C N W R A L B H D E Y K R D L
N W D D M J K L L W M R H A D V S Z L L A C M C F E A P
X A E W U E Y N D R P Y C D D G P S Q L A Z X G H W E E
Z M R Y H M U P T F N Y Z E U U U G D K O E P K Q S F F
M H V W A I Y W M I D A D N K G C Z T V O W X T K L J Y
V U B E B A P P W N P R D T D U F G L U U V C T I Z V K
K B R O I B Z P A X K K O Y P C A C A O N I B S R T R P
K C K W K I L C E L O O K H Y A T R Q D E M L S B A G Z
F I L J S I D D I D S V Q S U G A R C E J J Q H W N C O
L W Q Y V O D M E X C S A U C E P A N Y F T F J K D I T
L O I K R S G R Q L F R I I G R A E T L B D J U G C A D
F R D Q A M S Q H T I Q E L F L O X V G I C L L Z E X J
Y I K K V C C Z M I R C P A G P Y R Z X Q N P I E C P B
Z E G X D H S M V R L K I A M I D L K U T R A V I W L I
B R E W Y M G L I H T D Y O R N N V X W Q S S N D B G X
D Z U T X A E H F L L B C E U I G C L K O I R R X V P N
B M S A N A J B E A A O Y V X S V T C M N O Z M A Q J O
Z F J H W E J V N I A F M J P I R R P H W S L A B S M S
S X N C U A G U L K F O C F K H U Z T B H R Z Y A G U Y
I F M Q K S H U Q O T J M W S N I U W O Y L G L Q N N S
```

CACAO NIBS	CANDY CANE
COCOA POWDER	CREAMY
DECADENT	DELICIOUS
MARSHMALLOW	MILK
SAUCEPAN	SUGAR
VANILLA EXTRACT	WHIPPED CREAM

Christmas Ornaments

```
T J R F J H Y O T K T F C G J K B C P H X V V C G V X T
R H F R I I K I M U R V V F M F C G C H E R B F E T H E
A S T I T I A M Q G N F E C M W W C N T A O V L N U U Q
D U Y P X Y O W Q J G I K D J Z T V A B J P M E S U A L
I Z Y Z E P M H F J N G Q S N E W C J I S L M R J Y U W
T B Y L N M E O U E Y Q B U V A I D S A J A Z E B E I I
I F S Y Z L E E J I Z A N W E L L P Z U N V F X U U I U
O J W N I J Y A J G F J Q S E H F H U R Y F S H P J L X
N R Z G L U N J N L T E G D K T Q D O D M A U E W Y V I
S K A S A U Z I I I Y A P K V N Z T T F F B G N Y J E R
N R Q V C M A E E D N I R M H E G W X I A T L P D J E R
F U W G U X S O D X U G V Y N C G I B U I X G G Z I I Q
W M P F O M N B L Z Y M F S X Y C L A C C Y O J E O I G
F D Z E K S P Y A L H O Z U Z U Q D A G D Q O Y G N P K
B U S K L V K G L U T A E N L E F O B S E E O C U O H C
J V I T H P G F Q J B F N X B K S P S U S G P A O X J J
B W H Z H D E Y K W V L Z G Z F U L C U I A J Z Y Z H S
O J C R P B U J G E I T E E I A P R R P A D K S G H P C
K V B X Z O Q E D S F H V S Y N E Z X F D K B T S Y F Y
H L M D K M K K H A R G Q H I P G K X R P E E R H U B C
I H E J U K C F U A N E V T P L V S W X V R A I V O G S
L J P A I N T E D Z U F B O A H R O B C D L C N C R V P
D F P K S S O L Y A Y C T G H I G Q I S C F R G U O Y A
V H Z N G S F N S B A E N X Y E V W A T Y D C R X C I R
Z N H G P L L Q R L E W R E M X N V R W Z E F F Q V D E
I Y C E B M V X B R I Z H H O B U O K I U K B J N D N F
F H D P F K X L T T E M Z E J A C J G F V Y M B K T P M
B L A P U K N V X E T C N V Q L O O P S Q Y H P S F Z D
```

Gift Shopping

```
C W P C D Z M V F E S I I Y J K W I H V P C K A T X Z X
U X R N U X S H O P P I N G L I S T C Y C H S S H Y Y Y
V A F Q C T S T E H U R Z R R H J E Y Y O L H E A O E A
P B R M M M Q B P L R B F V S G H G V A Q V Y L W Z U B
I C J V A S J E S S Z Y Q S A A K V S T G N P N F G Q S
R M J B Z F G F B T M N H N L P A R S N U S F D W L Y K
C G V M E I M P Q X U G K G E S Q L I X I X S B R A P J
E X P B N U X I U K M G Y Q S Q F T N D O L W V D G D V
V Q Y B S S F E L C C A E V K J E W W H G R Z I S Q W N
Q I D I P E L T N F W O H D L G O O U X P S R Q O D O G
E F F G F W M S Z V X K P W D U D K U W T F D Q U P Q Q
D W D P X J T W R F X G Z U E N L Y Y S K K W V U D S G
F I S T R A F F I C M G B C I T V L O C G D K O O E Q S
Y B S V P Q I H Y H E Z D W Y J E F A F R M C M H R N B
P G E C A E J M U K Q X M R A K X L G O Q E H H T C L N
S U M Q O X R C I P I C Q D Q V B X N A R L M J R R E F
J J L U Y U V C N N D N T J M H B L U D V R V K X H K F
B X U T U U N N N V R V H Y D D C N R L R O R C F E E P
I A B K N P Z T F T N J O H I L O A S J O B C N M L W Y
B T G X S I M A P H F A S C Y A C L U I X L Z O H A V G
F V A D U T E S G Q E B F H U T B J W V I U B F Y C L M
E V P K I K W A L O O C U A I I E X X G A O B H A R W L
C J V D A N D I G L V E T D T K Y J M Y L A T F N W F I
R O A J G Q Q V Q N N Z E I Q O X J R A F U L Z B M T F
E D V Y H S Q X S R C R R X C P R K Z J M P X L M N D T
Z X U R Y M W T S W C Q A N N G X K D S E Q P E F X V G
E T Y O A V C L J F O L A S T M I N U T E Z I Z U C F A
Y U O T E W G V S M W B U S P T T O H K D L P T X Q H C
```

BLACK FRIDAY	BUDGETING
COUPON	CREDIT CARD
DISCOUNT	HECTIC
LAST MINUTE	MALL
SALES	SHOPPING LIST
TRAFFIC	WINDOW DISPLAY

Friends

```
U M O G H G X V O I Y P O L Q Y O E E B K K H B D W W L
M R T N I V S G U F P W I D Q Y Z S J T L N E T L I R G
T U I F J X J I P U I L E Y J F M T N U C Z N A G J C V
W L B R J Y E E B Q W Z B E D S Q H O Z Y E P C N S M P
B J B I B F V X C R E S M J C F U Y H K L A W T B W F N
Y T H E E T Z O C R J K W H T A C U F J K H C J V C I T
U B X N P V E G Z A E W J N P Z R F F C Y R F I R Q I Y
C E U D K P S Z J K U W B Q D O P L V V R X O L A Q S E
W R J S R Y W R E H Y M A L M D S D Y W Z T A U W P I W
J C E H G O O D T I M E S H B Y L S Q A Y L S Q B M Y D
Y H U I N J F T R L O W K M T B W W U Y Q U P L A N S W
H R B P T P R Q E N Z N N K X J S R D P F F D B S I X R
H O E S S I B O E D Z O E N P E M I I F X C H H S A X C
R I L M N T J X B Y A L H P I N M G R M B S G K Y B F E
K J E O E J N D N A H Q R D N V L P E R C E L F F T R A
M C C P N M M K Q R Y E D Y E C F B C A D E P U F I L J
O N N R C G B C F N X U M M C X A S O M I I Z G V S M Z
L L N O R P T E O E B W Z F V K Z H N J M O R S R N R V
M K S F L I A E R E H Y F G B H J I N V I S Z L X E H W
V S H J G V E D R C Z M M Q X G Y E E U U F T L N H R K
Z R J B G L M N Z M K H V D H X N D C X T V V N L K G I
L W O U R N K R M D V G J R U W M U T H U C I J N O Q C
M M V C N U S Y K K U H G C P X X S I J R D S A L O B K
Y P R O K O Q Q T M E M O R I E S W E Q K H S L O R A Z
D S N D D J M K V A U E B A Q M S H D R E U N I O N S T
Y K M I K A A S K T E X T I N G Q X X Q A Q P L W V G W
F N M X I T J Y K L E Q Q G V V L E N G C E D A S W C W
N W H B L Q R I L A U G H T E R S Y N B Q K J Y K P G B
```

BUDDIES	DINNER
FRIENDSHIPS	GOOD TIMES
LAUGHTER	LONG TERM
MEMORIES	PLANS
RECONNECT	REMEMBER
REUNIONS	TEXTING

Snow Globe

```
M W A U P D Z Y L Z M N Q O I S T X L O R L F R Z X B N
M X N Q M Z L H D A B O W W A U Q Z W Q C I K N U L Z J
A C J I T A L N G W S R C A C C F X S L J M H D O P N K
Z X R T P K B E C A H I F I Y W P Q N X S L K D V O J E
P Z S S R Y D W V Z M A C R Y S T A L W S C E N E R Y U
T U H R L S T Z D A L I G E A Z G I H R Q P I P N C G T
U B A G R E C R R I H N G F H I B M B H T V V G R E A G
S M K F C W S E L F I M K W L E U B D B M W M A E L A I
X L E O L S C A C R S R M W I N W A Y G V H D T A A A M
N X N K H S R D U A E D Y H V F N N Q Y P B X F Q I B F
S Y A Y M E X L Z D M D Z L D G O H F K M D D A E N O G
J K P G Q V L S O I R K E K M W I R F R G R A S J L F P
U R Z X J A J V X E D S Q I H Q B P V R H G L C A F O K
J A F E I S L X L S B L K L U Y H B K I B K B I P B D F
T B N L V W W W G Z V D L O L F J B N Q W A Y N E N N M
X E I Y K R R K O A V C W I U Y T O A K H T W A R P I B
I I C J T W N A J S Z H E Y I J I T Z K I H M T S C A G
E B D L A K C J R J N F W S I O X K R L A L B I O K Y R
V O H I B M A Z G E K O L L I T D Y I O W C G N N E H P
Y N Z Q Z E S D X X F I W C P Y G G Z B B W E G A F J U
J W N U B V X E N W D M V F J F A M V W L B A N L V Z F
Z F K I H M M Y T Q F W P O A R R I L J T K L V I S F Y
V I D D A S B C P T H G E K F L F V F E P K I E Z P U P
J W L M J T Q L C S L U V H C R L F I H P M H G E O R C
I O D I U M C I J J P W I N X G H U R P U C P L E D H I G
O O C A O S V V H W Z U N A D R V Z P Z S H L X A Z R Z
L W E D X L X Z R D C O I G S U F G F B N A C S F H Y S
J A I Q U P M Y V P I A T P A B V T Y I C H Q E L B Y H
```

ALLURING	CERAMIC
CRYSTAL	FASCINATING
FRAGILITY	LIQUID
PERSONALIZED	PORCELAIN
SCENERY	SETTLING
SHAKEN	SNOWFALL

First Snow

```
Q G P Q I J O T Y O U X N E K G N E K B I G F X J V F L
D F I F A I D M L O C Q U S R U X Y W D C A U W P L M O
K N N B P H Y T G E I A E C F T Z O S L Y G A W S C K
O F K W Q O B O O G W O T F U P G Y R J W L X Z I F C F
R S L R Y K R A D Z B T T Z J H L E M F R F N M J S F D
X I W U E A B G X Z U L M P A W F D W Y N I S A W V M E
E H S V R O J A X H R Q X X G I W C F O O G C G I R R M
E V R I P R Q W S V C P U O N H V F I X T G T I V R V L
C E E H E V I P V N N V J O L W T T H W G Q Y C O P P R
P N J R B A S E S S H K C Y E K A I T X T C J A C S N O
F H D V G Z V I S E U W B O R P K M Z G R V K L L G M V
D K T P F R V O J S F L B Q I H E Y E H S H Q G U K Y V
S Y X R O B E X P J H D V C F K O D I L M E O F E L R D
F Z T R O H G E N T L E I S J P S J O B V H P I U O B J
G H F Y T W T P N S L T W V E V V C S S P A H R S K M O
S H X W S H E E C A N E K J K F B I S Y S N K S U H T G
O G E P T O B G U A I X N B N Y N W Z O Q E P T C G P Y
B U Q O E E S W A V V G Z A C K G T M Y P V I S M R V X
T A Q G P J T K Q F D B K O D O R U Q S S J G N C J O Y
U R N K S M O C Y G B F Y S W K E R C P D Z W O M A J W
M G X F I P X L T L Y W C C L L G J D M V C V W M D P B
G P S W F U N M D J I F L I J L J K T L R L U T R H J F
C U Q C B R K L S G C N H O A N T P Y G G Z C O C I N W
X W L Q E A U I T W I T E D P Q X F W O R J V X A Q E A
H D F E Q N Y J H G A M B W O J O R E R S B I L P D K X
Z I Z A R A E K P J P C K Q B P W N W Z W N A F X O D D
F G O O Y Z P S U F Y G D N Q S W B N E M S B A G V E Y
J A J M E T T K B M S V K K E N X A O O W M P I U P E T
```

ANTICIPATION	CONIFERS
EVERGREEN	FIRST SNOW
FLURRIES	FOOTSTEPS
GENTLE	MAGICAL
SCENES	SHUTTER
SKYLINE	VIEWS

Gingerbread House

```
W B K Y J R X P K J H S E R K X M K N B A K I N G C A F
Z F C B A B R T B G M I G C W M O D H U Y P G I F D W Y
W Z F Z Y D H D L I D O I O S B O A E U S Y T C P Z G N
J Z M A V I G Q L X F J N T Z X W R I A F Y E I D G T S
O Y Q P T O X R C T K A U G X D Z W H J J J M N P E F D
D S Z Z E D S I W F D A P G E T D T C Z M A I G A V K M
X L T Z A K H D C I E C S E O S D F F R L K N G X E R K
G F O T O Z S Q N C L Z Z O U Y H F A X R A Q L N N J H
V J W M I Y I Z P A H M R C N F L W Q H O P I U C I B V
S H H X V T C S J O H I N H H I A L B W D M D E M N S T
X R Q U I P M K L O Z L E F C U L K F D O Q Y Y T G H J
J C B X E A X Z D A M T X J S I J G G C B H L S B A N R
V J E V F T U B K O I N J T G H N S G Z F Q G K V X A M
H O C U X H N Z Y S P O V S E X G X P W N X V F G F P G
M U F D R W K R I E B S B C O F Y Z I Z S Q J F F J I W
M T D C A A C U P Y A A P Z M S H B E S H B V C B Y A N
R Z N C A Y Q W U U V V X S X E I D C C S A C J E K A V
P X N T S X E O M T Z O Q Z T B U E E Z C Y R N Q Z O F
K R I V E S H P A W T O K A M N W C S Y G W M E D G M P
Q M P Q L I Z E U I E W C R U Q Y O L P H I V R C X S F
E R V O I Q L A P Q T I T P T J O R G S H T E L X H G L
M U O V V V T X D C R R H X X B E A Q C P R W K V C G I
Y K H G C P B O Q T U G R W C A G T U B M I O W F F K D
E O F H T W N R N E H S Z A R C Y E B Q P L C Q I S R Y
J R V L Q U V I F E Q I W K Y Y J D O B P C R E C A J X
O H D Y T B G N E X Q T F N C C O N T E S T H O S U G B
P I Y O V I D T B B Z J W J X Z J T M D Z R V B L R P E
R H I G K G L B R C K O W M H L D Z T K X I Z E F P X R
```

BAKING	CHIMNEY
CONTEST	DECORATED
EVENING	EXQUISITE
ICING GLUE	INTRICATE
PATHWAY	PIECES
SPICES	WARM

Shopping

```
X M Q O R D N F L F N A G I G B K I I G M M R O R T Z E
A D G Y I V I V G Q Z R S W G T D L L A L A Z G J X A O
V P I O I R B W Q K O W O W E N U U S T G U V S Y Z A D
A J Z A N C I J E S D H F B C Y X N J Y N E S L P J K Q
X L K J A L A Q S Z U Y X W Z V C R E X P E N S I V E H
I F Y A S K I T Z F Z D K Z J Z H X H V N Z S J I U S F
W T C O M A L N L R P K H G E A E B X S Z G W J B E C C
H O S H C G Q H E Z S C K E P N J O C V S I A V I S J Q
X Y P T V B D V C G M M S R C S O Y V E B N J K J J Q T
W R W R D O T P H S F B N G U E Z N Z B Q J L E W F O T
M E X H I H M C A E H L H P U B D B R U E M O Q M P L R
D Y Z L F C T U N C X O Q A N N R Q O K T X K I L G E P
Q F J T Z M E D G B H G P A H H A R G Q C D F V Y C B J
K F N J T R B T E Q L E W P L C E A Y U Z R I D S S P P
J Q S E C E Y S A U E D A U I N K R B O P F T R I B W C
F J R K H G Z I Q G V Y K G P N N W E P U B K W I Q Y B C
G U M Z A I Z N L W Y X C A O K G L V G M J P N K W J Z
B F W B S S V M N V S F C R Z N U C U P R T E Y N Q T P
O X I L R T C Q F I Q S V J O N P G A Z A Z D N E L G N
L E J V L E C L A V Q V V T U W C Z C R S A L E R V Y S
S K E R M R I F R W Q R U U G Q D H C Z T R Y W A Y C X
W X R J O I Z W J L A Y X N F I W S M S J U W I G V X X
E F T Y R Z I H P A W V I L H T T D N K H M Y P W U I F
Q L C E P O L J G V J P Q M N A I E J L O U S G I A E F
Q Y T X O K I N S M P I E E Y W E L M A Y L X K D Y D C
O F W K L L J L P I A I N S E M A K L S J O J O I M Q V
D R M B H T I K H O P H D T B R Q A W D X E W Y H H S R
G L O R N L X S R P W X R Y Y F K T T H H S G M L K B E
```

CHANGE	CHEAP
CROWDS	EXPENSIVE
ITEMS	ONLINE
PRICE TAG	REGISTER
SALE	SCANNER
SHIPPING	SHOPPING CART

Cookies

```
K D D B V B V R W K I B V V C H O C O L A T E Y S B F M
Q C B K V R Q C L H E O X U S Y S Y N B C I O O Z I N G
Y X K Q V O C V O M S G Z M I Q O G C S F V C F X D Z G
R A M R A A Y S Q L N C Y M T A D C N W D J R L L Q R N
T W C B S T N N C N V O Z B G M O K I W D J I U K C K J
B P D L T C K A K E E Z W F Q R X B D X T E S E V N Y D
M W I A B W S C Q F S S J U U P J Z A E K W P V Z M G K
U X O T Q B N K B F U I A P G X Y G L M M P Y V R Z S K
H K K C C D Z V O Y D J W I H N N B I Q M F S C H M B R
K G N Q B C R V H U T K C P Y E A L L Z O B G B G Y E X
B G G W M I V X X A N M J T J T C C X W C H G Q G V D K
L S A I N O O G F S L J H W C E G P R V G Z W D V U A Z
V J Y Z J C X V Z Y O C V E F L G M O U R A C W J Q I A
A R W J V L B U Z T S F L L U J X T L R M O D C D N P U
Q Q W A D G R K E K S E T P Z Z L I Q E O B X H Q K Q S
R R E F K B G B Z R D D E S S E R T U C W H S E X I U E
R A J R M B I G Z D E T Q N V V H C I O Z C J W N T F T
E H N E J X P X O D V M M I L K G L A S S R F Y X Y Z Q
P E L S F V Q F I J Z B X O M D D I W H C W P N H I N L
T G Z H G N C Q Q F L W L M Y F B M Z P R J G U Z J P H
G L S N Y T F J F M H B J Y Q L F N U N A N Z H U L C X
D U K S K K B K D I P P I N G L B E M F D J L U H P C B
C N S J N G L E N W P B T J L K H W B S O M W V Z K O N
W R A A L L K X D E N W J D T B J S U N F F H Z C O Q T
J D F Z A Z Q B D C X K B L U E I I S P E U L V E K T P
D O E F N U C C J Z I W A O I H U S O X T X I Y E G E Q
S T P P U U E C O I Y O B T J I I P E F H K H C S I D P
C H Y H X Z V G P R J O P A J U O J Z H V D C J N U R S
```

CHEWY
CRISPY
DELECTABLE
DIPPING
MILK GLASS
SNACK

CHOCOLATEY
CRUMBS
DESSERT
FRESH
OOZING
SOFT

Icicles

```
T Z H P Y P Z H A L S O R Y Q W S S G Y I B U U I N V S
N V V M V Q Z I F W H E F L B L B I K F S I K L R C J V
B L H W R S F H L Q C C R Y S T A L L I Z E M M K E U H
A W C R W I C E C R Y S T A L D F P N K G R B G G P Z L
Z A Z S Y V A L W X D U W I V V S Z I B V V P P Y J J E
E U Z H R S Q A I V R D A G X V T O Y E E K R R P O F D
V P Y K F L O P N Q J N R R H F N Y G V L H W S F T F G
V C O P U D Z A D B L T M R X S C C O Q Z H S U N A E E
C M B M Q K P A O S N Z G Z V O F E Y M S M C D U T Q P
V L E A U Y A B W E P Z H N E H O Q Z Z P L Z J I M P G
P V S I Q G E R S X B V Y Z Y I N K P H M W G T H K K C
P P C H O P I I I K G A X H G P X D G E G W C R U M D F
N N D M O S X P O I R Q U N P G X F K D F A A E X T W D
V N B U A E L H M M I D R M G D X E X O L Z O M D M L Q
X L W Q D J H L L E T S D D H I E G B A Q I U O B S W M
V W R W N F V K C T B E X S A D H D T R N J E V W L D U
J O S C R A P E R N S T Z Q G N Z S Y U H O E E A C B Z
M M N F O F P A B N S A K H H L G S U E S P T R J N A B
T E F N N O K N U R U P E O D G I E F I X V L I R L U K
V X J Q J X A P L A A Y H U R C O E R E M U H O S W I T
O X X R F C Q O M W L J R T R D K L G O V H D P E P C L
R W R D Q N N R R Y J B S S N Z N B U Y U A S C X D H O
G F I G Y C O C O J O R B Y S N B N K L O S T R C F H F
T U R J K I X H P U P N Z I C H B A V A G L K J S F G S
S E B O C Q V Y O Z A G O H Q O A V K Z F A N W Q C J H
C L B D Z X O P B G M W U O Q Q R R R O E K S T X A K G
L Z Q F D E G S L W K R X O I Z Z S P X E C W G K B Q O
R C V M Q Q N V X T J G U Z F P I N J F R E V O N H O B
```

ADORN	CRYSTALLIZE
DANGEROUS	FROZEN
ICE CRYSTAL	LEDGE
PORCH	REMOVE
SCRAPER	SHARP
STALACTITE	WINDOWS

Mrs. Claus

```
Y F D K D L D R H N G W Q K J K D D P V Q O M P H Z L E
B V G Q L D A X V A I C X X A F S R X Y E F S M A C G O
T A Q C W I L H M Q S I O V U B E Q D X T F V B C S L T
D E K J P O P J M O C V Q Y Q X Y R F T O G S Q U W S S
K R I E G N T S R F V D L Y I W Y H H M O C W K L M L K
A H R F R D G I T U E R C C Y T S M O B A F Y O L J U X
M W C C M P O S W I Q E E P N S A O O D G C C I W X O X
Y S A M I C A B L E C L P N B T P R V B G Z U K J Y P M
P U L A O E W P M L M K Y U O W L N G N N L H H V Z J J
P F T B N Y Y J G J B A I B T P V I I P H B T Q C D C C
C K S I S C L J U I M L R H K D Q L W A E R J P W S Q T
Q T A L K A T I V E T A R J L M R W F L O U D C Q V J M
L Y Z D E T C C F N R E S W M A P K K U T E J S L W V P
M L A Y U V B I B J B M I Q D X E Q H B Z W Z O D K Q D
M H P O K W U U F V U Q F U M L R J Y P O R F X O B O Y
Y L K W C T F E P S S D U T L Z F J F J K S T B K C U C
X V E Q O P Y H W G H L N K K D U M O O F E R N J Z E K
S B P O W O H J T Y L T Z M M N M M R Q X Y M O I J C W
K R M L L M U Y S V P A Z A U D E P F L A F V X J C C X
V V M F E U A O W B C P S B V C S J S O R H I J P E T X
Z G O L W A P Q D V E G R S J G O R V P W E R G F S J C
Z C T H O M S V Y F T I W W E Y O C Y G H L Q Z D B E H
X F H N I D N A O X A V C Z O S T H V Y I P A U Z O S K
C F E X H F L G N H Q Y O O B Q H Q J G E F L Q V R O E
R B R S U R X L S T P S C Q F W I N W D D U K S K A X I
S L L Z Z W I M A O V B V Q A S N Z N C O L F B W H L A
O I Y K H X P A H U T Y G T M B G M E P Z Q Z H J M O Z
O P Y E K J P H Y Z H X M Y U Y K C S P O O B U Z T D P
```

AMICABLE	BAKER
DARLING	GLASSES
HAIR BUN	HELPFUL
LIPSTICK	MOTHERLY
PERFUME	PLEASANT
SOOTHING	TALKATIVE

Christmas Lights

```
G L O B E L I G H T S F A N F Q V B F G E N T T I N K D
B C C C S U L N W D L T J X H O P P M J Z X J T R K I E
R A D K A Y V K U F C A D I P B B A K R C U K K B P I Q
I G H U E Z N S O T F M W H B Y G T N Z T T G Y E B I F
V G L O W H E C O P P Q T N J U S U C O L O R F U L C I
Y Y V E I N F Q H A M A H I D T J Z D Q G K U E B G R I
B S W M P J B L S R B T Z C M E B L J S P D V W C T Z D
O R S H F V L R U Y O R N N Q E C Y T D S A M M E R C S
Y L Y N K W U I L O W N A E E O R O B D G T J W Y G A O
T Y H V G G Y I N O R J I I L Z D E R B T Y H Q Q R V C
U T B A A Z E U H V O E J Z U I I I K A R Q A C M M Y T
Y Y C O T W U S Z Z Y W S D E Z T R O Z T A O M T C E P
B Z V Z W P M M F B Z E O C K D V R J T T I S M G N M W
F E J P L B D C U L A L Q X E O H T E R Y G O F R B B N
C Y U B I O Y R X Y W O L M G N M U V I Y S Q N Z Q G Z
W B Q W B M Y F I D G U B F A W T W Y M N Z T L E C A Y
Y L C X M A G V F V D A R P D R I V E B Y D L L M D Z I
C W W O B U E E R V E N M N L I O D P J T O E C E P G C
I F I V M R Z E X U L W N I V R V T A J J X K E Z H S G
L A Z Y C P A S S I A T A X Y K C O M T H A U J R U C B
R I C B M R E P Z C X H H Y N B F G K U H V P T J T E K
D E A Z Y L O T F S P J R M S J K D L D L O J A E P G K
O Z D C S B V O I J G C Z U X O P M K K S X U U M W L B
W Q J T Q S E Y I T Y U J J Z Q Z C T J O N A S V T Z F
P Q X F R U R C I J I M C W S P T N U B U F M U E S J S
Q C E U W I D C H R A O E B I T O B M M R Y F V J S E X
M J F E T N O C P W E M N I H G X S N H K R I J G J G M
S V G C C E K T E S V J S L D S E B U A D R R T H C H U
```

COLORFUL	COMPETITION
DRIVEBY	DRIVEWAYS
FLUORESCENT	GLOBE LIGHTS
HOUSES	LAWN DECORATION
LIT REINDEER	SHOW
SYNCHRONIZED	TIMER

Table Setting

```
A Y G L T P X K Z N D C S L V L Q I O I G X Y H N Y N B
E U M X J P Z E I I G W P C E M B A E Y L W Q V L C S U
V Z T D D Y V N A P K I N S R V K U E G N J E M A I U T
I J L A U I W U B O T Z Y I J X K G J N E D T G V Y C O
S M S V B S D F R R W I P L Q U I X Z K Q E Y G E M B W
J D Y M T L E N B I L J N V B A S R K G G S D J N S U H
C D I J U Y E L Y B K I U E T B H Y X Q J M L S D Y F M
X C O K A L P R S A K O L R A U A R Q R R D P P E K D K
E Z U Y R J H P U P A B L W D D J X N T L M I A R U T A
K M V E K S A M A N U F Q A Z L T W E A I I T J S K X P
T V K V Y L X N W A N C N R U M K Z H U X F W M P W F F
B L V E T K H S E A X E L E W T N Q M E R V R U R S N D
Q U A X F T Z U Y U X D R A D Q M P Z T D M V A I B E S
S O E Z O P R U B I C B G S Z O X E C M D K H U G V V E
R C S L X K B B S J N A W N C Y I V M R Q I A H R E T V
X E C S I P V K G L X N L Y A Y S A Z J B K F V E H N B
T A Y V F Z I T X F W T K Y G C R U Q X T J P C G Z D H
A U J H F B O G X Y P A L X P B V H S I K D A L E E P V
Y G K M P T J D D R D W J R A T P N X A R V P Q D V U D
E K M E N U B Q S R O K X L M N U N E K N P Q B R V H G
D Y A S B Q Z T K B D B E H K W Q S L C T L M S J A K I
T O D Z V D D M G Q G D H J Q T W G K N X M I A I E L A
Q K X W W L A N M O N H U G V A A D X K M J U A J N U A
F B O X O U I L G A K E M R V C H A R G E R P L A T E W
C Z L D W V T Z C P M Z U U A N U Y T S O Y B I T S V O
G G T A R Q C R F W S A Q N B E R S G Y L T D Y T S V U
A G L E F F Z K Z S Z V Q D M F Z U N A M E C A R D Y U
V W S K L O B Y U I O I A Z K G Y Q I S Q G C A I V L I
```

CANDELABRA	CHARGER PLATE
CLOTH NAPKIN	EUCALYPTUS
LAVENDER SPRIG	LAZY SUSAN
MENU	NAME CARD
NAPKIN	SERVING BOWL
SILVERWARE	TABLE RUNNER

Church

```
A J T C J L E E A C Z X S F W T M S M M O K W J I N O L
W S R S C E Y O J W Y H J J O Q R G O G H J Y M J T V D
X X T E S G P J P R R T B N H S P Z S P V M S F U O B T
R Y M N N A D N P S O B U K W D Y D H S G L L F Q L W Z
U P C W D G G C Y A T X J M B H R O W G R J O H R I O J
R P N D M O K M I C T V B C I N Z Y J Y J M Q X Q D E K
W Q P E V Q L Q N X O M U S Q A A T J M K X G D J S O L
G J G E F X D N Y R H M D W T Y N J Z J B D V G D F P I
N A M C Q X O G V Q O L O I U A M B A C X L Y H Y U E L
G P P M Y X Z A P P E X B B O R I A D L P I C U E N L W
Y R Z N I E E Q K O C P I P G M H N L G F I J I Q B F B
H L J I P N Z F U C D W B Q C A A H E F Y F Q F A J U L
J D H Q B A I O F K H U L O M V G J Y D C B M L W E Q E
C U T W C K R S U C G U E N J P I Z N C G B E L L T L F
F D F N T S X T T C Z F D C Z F T J N M W L H O K B Q N
D M M M J I Z Z C E G D E U F S U E F P K J A Y M G M L
D A T T L B Y Y L O R H G Y I W Z N J D E Q U S C R H W
H C I C P K G I N B N A U I Q C J T O K N W R H S H T S
X Z E B M T Z Q N C A G U C G H T T A R X A S Y W Q Z V
W A V M Z Q T A G S O Z R B T B W U N U J Y F M E E K Q
Z R P B F S G B D J T H J E Q C L W P B G U U N B C Y X
Z E W S W R X U K V E E S G G Q A G D U H W D B N E M I
I Z J S O U B J S L A L E R P A Z H Q F D Q I O K K D K
M E T X U C S E R V I C E P D T T Z J N Y F B O U O C B
W Q J A E Y E M X L I P E F L Q Z I X E P I P K K V W Z
X Y S F W Z K N Z R N B T I V E K J O H R W N T E I Q S
U Q S M W V Q R I Y O Y W P U L P I T N I A K D X K V T
K N C R O S S V Q M X Z V H Z L H G V G U P X Q M O T K
```

BELL	BIBLE
CONGREGATION	CROSS
HYMN BOOK	MINISTER
ORGAN	PEWS
PULPIT	SERVICE
STAINED GLASS	STEEPLE

Shipping Gifts

```
S N G O K M P A P J F V L I M P T S D Q C L I F W P P T
P J F A E H R Z T A H O C C Z F L T J C V Y Q H W W S B
P Y B A F U T D K N C R N P X D Z Z S D B Q Z W T Z D S
B Q A T Z E Z E P W C K W R A P P I N G L C O L I N G C
U T E Q H J L L P U O C I R G J W Q E B P O S T A G E N
A K A G A T M P G C H A E N O J W S G W E W L F U V P K
D W M I S A S F A O O D O V G V R D L D E L I V E R Y J
D H Y B P A W Q H V D Y V R P T I W K N J X X J R A T T
V P K P R F T L Q O J I I D V R A D H R P B F Z D I E Z
S E B L B T Z L S T A M P S T O C P Q R P U T G K R P K
K U D X G K A A F Z B I J N L M Q F E S N B W W N M K X
P W V Z E K X A P C M R J V K E Q S I F R B T U A T I B
K J L C X A X T M L H V M K R S L K L H H L J O B O U U
S A Y L K C S B H G R W D X J B J O R T Z E T V S P Q E
S N X Q V I B B Z V I L H D C X S P U D G W L T C Y K J
F R D N P C R O V E R N I G H T Y H S S E R M J X F K W
L U P K O J D N X X P N Y U T F T D M N W A H A X F S B
L U F A S S K M A O N Y P I T Y Y X L F C P Z O T T P V
P V L M T M Z K G W A P Z R P D L P O S C V B G D J L C
T R L L O V N V F G D R R N F B Q D X P K G O R A H M J
H G U R F L C M J W F F H E L U B B B K O N P A U Z Y U T
F O G B F S O P H P C W F M S E J T L I H O X A K E B O
I E J U I U M B X E J L T J L E A J K W B B X C J L G U
Y L W E C L N Z W Q Q P U S U W N C L D L O S C Q O E E
I M G H E D Z I Y R G C S P Z F A T R D Y L O C R J D P
J O D H Y Q W F E M P I R T S P S A W O E L S S E M X E
R V Q S V C E P K D J D E E M Q C D Y Z G I M I G R L O
O U I X Q O D R E Q A G U B L A N V E B X V Q I U U X R
```

BUBBLE WRAP	CARDBOARD
DELIVERY	OVERNIGHT
PACKING BOX	PACKING TAPE
POST OFFICE	POSTAGE
PRESENT	STAMPS
UPS	WRAPPING

Knitting Gifts

```
T J T D Z N H B B G U V H N A Y W M K I M I F P I J G Q
G U U X O S S Z T P R N F N U U T N R C D S N R O T Y J
I M H O Y S T C Y R B L K L B J J U C O N H Y E K Y N U
R Y C C U T Y C U I E Q B A O W M L P F T A J S M Q W T
Y C E U K G G J B D H Y L J X O G N U L A W V S N V D Q
D T F A X A K L Y W Y G D X Q R M C R R O L J C F T C Y
O N F H I P L W E K R O F W H M E B L B M R U X J F C F
M A M E X M S K O L Q C V I R M M K S G Y U D G U W G C
S F E L V W O A O W M E C D L M S O K C E K D Y I C M P
P K K K N C K I A K E K K R Y P S Q Q F V Z C M O X A F
A J I M N W V C V Z B J B U G A O I N U B H S I U D A M
V Y L R W I L L Q K C O L J G L C D X U L Z G O F W F Q
S X U N Z W T W B J B L E O T R K Y R U U G C R G E Z A
Z T P A E Z S T R A E Q F P Z I S A X O A D Y D W U R E
V G M S F W E W I O I U G T J N P R A Y T Q D O H Y X Q
H T D H Z V E F E N L P G N D V U N E H A X E X J M K G
I X Q Q E Y Q S H A G J G W X T N K F E C R B V X U C C
V R K F E L T I N G T N A A O K H U Y Z P L N X I D A S
H G M K T F D J V A U E E W R V A X V W W R A B Y X B F
V L I V P P K M U S C D R E A T J Z O S E W H F A V L C
C B T H S I A M I B Y I A Q D I E P H T X F B V T H E B
L Q T V F L X H H L E Q S K L L E R T U Y A O L K F I D
V A E S D Z K S J I W A C W S C E A S D K E C D G Z Q R
V F N F G S H N S R D J D U Q C P N T T Y L X S X Q Z W
I G S Q V N L P M Z X N G R L F L Y A O I E W R V D X
Q T B P P X B U U R I V K Y K F D V Z R V T V U B G Q V
Z N H Y L I J G U A Q R J E U G Z D I T B P C E S I M P
L M G Z E T R Y V T X S Z R M W T S O B O X O H A H E B
```

CABLE	FELTING
GARTER STITCH	KNITTING NEEDLE
LOOM	MITTENS
PATTERN	PURL
SHAWL	SOCKS
SWEATER	YARN

Department Store

```
V G Q A R V Q W Z Z D D V R W A W X Q U R V T K G B W U
R X Z C M P R E T Z E L S A X Z L L M B W N L J N N G R
G Z S H D X P D T J T J H T C Q M O O Z N A D O E W K J
U Z H T H F N F G M R D M D M B X Z L D L M Q V F F M P
R J B P K U C J X R C M D E E D Y K L B N S V U A V M V
E E S T Q T V Z K U L P A H R P E K Y X E O Y J H L S S
U J I K S K R Y M K G I E I V Q A B Z V I C N P P G C K
D B P C R H H R P P D D K M B K I R I R I W V M V V E C
Q O C D A T J K D P Y Y K V C C R X T T U A N D F G I C
F M C N H Y J G D Q W T R S T O C K Y M C S Z Z I W R O
A R U J H P M Q V W X P J P A X Q T U F E A H T X L V N
C F G K O E S B S A G Y M J E C E Y L Z O N R X N V M V
K D M W U S A L E S P E R S O N Z U B M C O T D W S L Q
K K T U T B M E N M E C A S H C I T P K O T D S Q K M T
L H Q M Z V G D N V L T T E N V C F D S U U J C T R B N
I D M S B N T Q Z R E N P T T R P W A Y N A Z Z O O R S
H S E D A J S S O M V Z S O J A Y Q S D T K Q G Q U R L
Q V R H I X D T Q C A W N T X A G U V V E I A F A U R E
S U C N Z T A K Y W T Y V R R N S A H B R M L Q A C A T
Y N N V F L U C S P O P O Z Z K B U I I F S I G O P U R
S H V W A Z Y C P M R C N B A J I I E M M L F E R F S K
F E A C X I N X W X O V F Z R I S X C M Y S K A F R D H
H S S J C N K Q D O L V B V M Y D A N F P J J J Q O K D
Q E G B K Z I X L G F Z T R I I Y W S G V A Y E K G D A
T Y B V O Y T D F C J W U G N F H J V E Q X G B R S S M
V V P M U W J B T F H C A F J U A V M F K H L E P R F G
W Y O R N J V C Y B Y S C S N T D D J C H O Q Y Z V E U
L R U X L Z A J A V Z W K B G X P F G O D Z H S B G H X
```

CASH	CHANGE
COUNTER	DEBIT CARD
DEPARTMENT STORE	ELEVATOR
ESCALATOR	FOOD COURT
PRETZELS	RUSH
SALESPERSON	STOCK

Vacation

```
B R D P A J F G I K E N A Z B U J F F V K M G X X A G X
A Z J O G T F O Z O M K X Z G R X C K E C D R F J K U R
E A W X X D G K V C E S I V S V N S X W S O N X Q D F M
P X S Y U H U K W L F I R R X X H P Q T R P L S O A V T
I M C A M V N V V Y X Y R F Z U N I L I L L X O X X O P
P S W L A F U D Q L X F J I F E I J L X R A K P R U A D
Y R E L D P C R F F T L T X X G W M H E K Y R I Q A C K
N O Y O K F W Z Z Z R F M B E J D V T F Y E C L Z A D R
Z W K R K E F T G S Y P E W K Y Y F L S R R T M R T T O
V M O Q Z N U G G V G T E Y E P T C O S E S K G H V V E
I V R O H N X D I G G N V A I B G F D Z N E I Y Q R C L
D K S C D J P O U G A T R E K K I N G Q T L P Y Q S N L
M O W K O C I J L M X Z O H H D L E E X A H J E U U L A
V A T Q I W A V S Z B S C Z Y B M Y S R L X W T F I Q Z
N S A P A R W B X U F U B P L F E N Q U D K T R C T P S
V U R K D T E V I H K C I X F G Q K E Y S R F F F C G X
Q N N J Y P G S S N H I H U G T Q A S P J V X Z T A E U
Z G P E O H X G O E U V D A E E S Y V O I Y E M A S I U
B L P P M V K F T R A S G S I Z Z R Y Y G N V I X E R J
R A E W V H R M Y C T A Y J H R P L F E L U B Z F B K C
H S P N K G Q I E L M O T K K J L E I A U P H I L L A X
Y S D F Z C O Y T Z K I H M D T A I C P B T W W H B T N
P E W B T B W H L E E F X O Z C U H F H T E G Z N Z M S
P S X L N E I F C K M E S K A T R X C T A B Y F J B L M
T I K B I Q J N H F M A A V B N B L N C B S R Y X I B R
U M R D V G C K V R R B F I G F T V K W M A W V R P K
D I J J P G J W X Y E P R D Z Q Q Z R Q M R Y A J X L Z
A A I K M G G F X M X R Q D W L Y E X W U Z D V O G T S
```

AIR BNB	CHAIRLIFT
COLORADO	LAYERS
LODGE	RENTAL
SKI RESORT	SUITCASE
SUNGLASSES	TREKKING
UPHILL	WOOD CABIN

Christmas Desserts

```
V V L N M H S W J G I N G E R B R E A D C O O K I E S N
P I H L J C J Q X H U B C J O E U J H Z X I V K T Z B N
R O J N F V H A U P J B B Q V M D H O T C O C O A S D V
Y D C O A U I E U N L D E J I F M V P J Z A N I G T B U
L U H R J F X I E H Q H Z N N K Z H E W T G P J Q R C T
M U O U U Q A H Y S K N O W G W N Y S L I G G J N J F F
J Z C N R M G F Z Z E Y Z T P I Y E E R V C Q L A Y U Y
O D O A Y Y B O G W Y C T B A Q R G T L O E K J L F A B
S Q L X J H A A P K I Y A C N G P Q K U D F T Q M S T Z
F B A S B T Z H L O D L N K H M K R B J K Q T C N B H D
L B T V C E Y L N L I M P E E T L P Y G E Z P H A T G Y
X Y E H P T V Q M Z U H B P C E U G F U M J J V N K I G
W T T S G N D Z I M P A X F J J P S S C J I O S U W E M
X L R P C R A N B E R R Y B R O W N I E S D M B C R D E
C Q U X F D R H O P A N E T T O N E P U D D I N G H I U
M A F P H J N G Y R L S A H J T I P Z A B T M T J X U S
B I F C F L D V T E E K K U M W O V R N B M O L L E Z K
F F L C W Z J N B F W O B Z K T R E L P A N F O R T E I
W Q E E Q K T M S S G U B C T I V U J Y G S W D T M B K
X H S D R O I Y D E A O I A L S I J O X R T C X L V F R
Q N B H M N U S P F G S Y X L X C S L J C K D Z U Y R R
M F U R E I X Z V M C V Q D M L I Y T G U Z Y P V Y V L
N L I R C T C A U S O S B O Z E S S J X O J K Z F P D O
K V X D Y Y I O Y U Y Y U L E L O G J S D W O G Z A R
P E P P E R M I N T B A R K Y O L R H C E T W P I V A Q
I J V A O D H S H G T U U P A K W D J C F H U P E X P F
N Z C V B L I F B R T A E E L L R S J Q D A H G L L U T
G N M P X U O A L Z K E K H Q N P K Y V U P A W H U D R
```

CHEESECAKE

CHOCOLATE TRUFFLES

CRANBERRY BROWNIES

GINGERBREAD COOKIES

HOT COCOA

OREO BALLS

PANETTONE PUDDING

PANFORTE

PEPPERMINT BARK

RED VELVET CAKE

RUM BALL

YULE LOG

After Christmas

```
X R O E E H H I S M D Z B A I I V U O S D J T U K B L N
F M Y R E F A X P T S X Y K K I K R B Q R Y P C E B Y X
S M X N T F V R A R O Y B A M A N U C P I P Z R U M P O
W G K I N O A Q C M F R Q R C T D Y A L O H O D X Z S U
O C F V S E F T K X C Y A J K A Q C C R N K K L C I R G
T F H L Y H H K I X N A I G E M Q A Q Z Y O M O M C S T
M U L W I J B Q N Q E L C G E V F T D X Y T Z J S I X Y
A N E F N G R L G Q C N D O N B L I C V N Y V G M N P E
G N V R Q F T C J L H X D K A C O E W L T V C J Y Q W U
J K T M X G I F T R E T U R N N H X K Y E U H O Z A G K
J N D E M E T T R M B T E P P Q T U E Y F A X C T C I B
H C J P Z Q A L S D I E T I N G H B R S Q Q N J N C G W
Z M A S Z M R U D Y B N S Q T H J T O B T F I U R I S X
G K U J I G O E U P E M Q N P I T R T S A E R A P N L
G X X D V F X W M M F B V T H P R Y Q Q H K G T J T H I
K H A V V R C R E J B A P Z T Y B H P E B O N Z T G I D
C E T S H V L S E R J S R V X K P N N N A Y S H L X P K
P N T L Q R A I Y S H K B E B U J O Y I T N N U V E O W
W U I R O B T X B B O G A R P Z N R C H K P G D E D V S
E C C E Z B O V U T Q L I K E V K M L G S B V R O Z Q U
R O U T I N E C V L S S U C O G L A R U J S T D I X H D
U J L N E T J V Q U X R N T T X C L U I A D W C M X Y I
R K H Y Q P W U L V D P X P I F J X G D E P O K L V W B
F A Q G F V Q H S Z Z I P Y M O E X D I D E B O R R O F
M L C T Z I U Y D H C Q L R T N U R K I F H Q S R T C
I V L E O O B Z W W B O D G Z G O D G A N Z L D V K D Z
O K F Y H T H C X R O K Y C Y B Q F N W B I X K V C O X
T K R F I A W F C V K E K V L V L P H T M S T C Z P Y Q
```

ATTIC	BASEMENT
CLEANUP	DIETING
DRIED TREE	GIFT RETURN
NEW YEAR	NORMAL
PACKING	RESOLUTION
ROUTINE	STORAGE BOXES

Easy Solutions

Winter Weather - Solution

Types of Christmas Trees - Solution

Santa - Solution

Santa's Reindeer - Solution

Christmas Eve Traditions - Solution

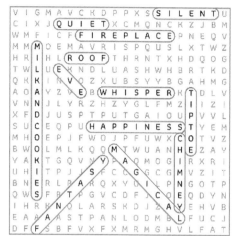

Dog Sledding - Solution

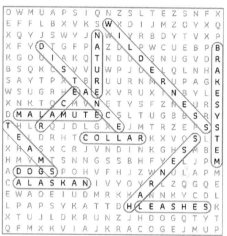

Glittering - Solution

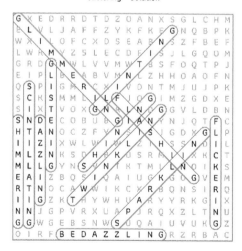

Singing - Solution

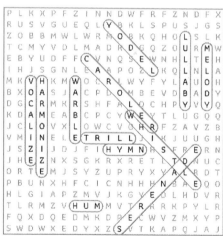

Warmth - Solution

```
Q F P Z U D G M B M X K B T A G U M B A
F K J R Q J P X N S S B M O D F S L K F
Q D D O T D J R T C W F H I P U R X N L
U N B B W D K J O Y K P N A Q R R I U A
T W A C L B E R U P S Z C X E N N O T N
B T X T K T O P H H A W Q H Q A A Q R N
W Y U N U T H V D S N S N Y C E N E L
R J A X A R M U Y E B D E T O U L
M B X I R W A B U N D L E U P R C X S H
K K D H T T R L P F L U Z O T H V P E
A A P C F G V G W A Y B F A Q L Q Z E E
R A S K H P M U A V M L A U T Z X E T
V X V D F H M X X S O U O L E G D T S
M W K U O E A H F C W C S V Z I R S Y O S
X V H V A H F C W N P A U K J R T L
J G P E B T Q P I I S C O B L A N K E T
N Y E T E H W V Z O D A Z X M K Y U Z
R T M J U R A S Y X U D I G B W C V E M
I R O E M S W T K M V X X W U O J I F W
J B X S M P J G G W F H V A O U U Z K D
```

Cozy Clothes - Solution

```
N V A R Q B J M R P G O N J F M O R X
Y M H Y C S C Q E J Q E E C Q C L T Q X
K N D G S I S N R N A W Z S A B X Q F
F V B T H W E S D I T J F H R M C L Y
Q B O G T O G D I S N H U W D M B U H
Q O P S D N I P V O L O R E I J X C H
B J A G R I E W C Y C D L K D G E V V Y
V I P U G O F M X G K A S W H A T M B K
L W Z G F Z I C Z S G E N C N Z S O T
R Q E S B L U B G P F G O H N J L F Y F
V L N T I A X J U M P S U I T H O Q T
Z J C B A N N U C C O V E R A L L S B X
D M L B B N M U Y A K L O N G J O H N S
G T I Q B E M G L F S O T Q X E Q X I X
Y R W Z D L U I W L S H P E Z E Q T M W
Y K P F Q S D K S E C H M G J S U R Q X
R P V M V H N G E E I F W E L G B S L
X G O K U I H B N C Y X I O R K M F U Y
Z J V Q J R Z C P E G B G E E N H H J
E X H N I T K N C P Y F U F S D P I R S
```

Festive Foods - Solution

```
Q K O T N X U C J L I P K M L V G R S T
I O V I Q A M U P B G Z V I L I B Q V S
C H I C K E N N O O D L E S O U P Q D J
W Q K V Z C E U F L A T K E S U U I B H
T M A T Z O B A L L S O U P S B K D L J
K J M F G O T K C C N P B U H W L A X Y
D F R S B E A X J A U B Z J D O W C G S
F R U R R F T G L A Z E D H A M V H V V Q
M U K B R E A D P U D D I N G Y Q U B A
M I T C D G W M A K P A R S N I P S O
R T I U J W E V Q Z A A U Z W D W Z A V
J C G D K T J V M T A B S D W H F P M B
Q A K D S D Q V I C K H H S H Q R G G
V K E F F C H O W D E R G O H Z V U F C
P E E F W A H H J B D I P O L Y G W J C
W E V G B R L B I E G O F K C I U M D
B N L I C A N D Y C A N E S D L S D Y Q
F B N F E W D N R S B D C S K H H B P X
C H I C K E N A N D D U M P L I N G S G
Q H B Y U V Z F I G G Y P U D D I N G H
```

Winter Sports - Solution

```
F T I X C H Z U P T Y G S C M X O D O U Q
S S C R O S S C O U N T R Y S K I I N G
R M G M J E N K W I Z A X N Z F R Y W C P
P O I D J C H E T P F M R D H A R F G G D
B U V H X T O A T Q O J O J C Y G N X E
I H A B O K L I N N A H O U I G U C O
Q X K G U S G Y B P A R V H B R D T G
I A U I C E H O C K E Y V W I D M G E N P
N I C S X C U R L I N G S I N J W I S U
J E C X Z K A M I B Y C L I E D R F E
D E Z B B F G O R U B H C D Q N D L Z F Z
S E I R O I Z W G E D O E L U F P O
W R N I O O G D P A C E F L K M F K D I
Q I A M O T D F Z I L W E S Q P L M Q S X
Z N L I M B A I H X S R U B V A T R N Y O F
P G B Q B A L H G C B O E C V F S Q L E D
E G O D A A L O M Q O M Z L P V C C
H I K E L L D Y O M W U T D Z E Q U H Q Z
J D N S L D S T I V C J P D C J J V G E A
M C D O W N H I L L S K I I N G G Q G B E J
Q X I O Q V P V F U X I X W I B M F S Y B
```

Charity - Solution

Fun Christmas Activities - Solution

Volunteering - Solution

Christmas Movies - Solution

Home Alone - Solution

Synonyms for Merry - Solution

Salvation - Solution

Nativity Scene - Solution

Family - Solution

Christmas lights - Solution

Fireplace - Solution

Warm Soups - Solution

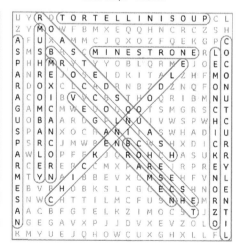

The Grinch - Solution

Nighttime - Solution

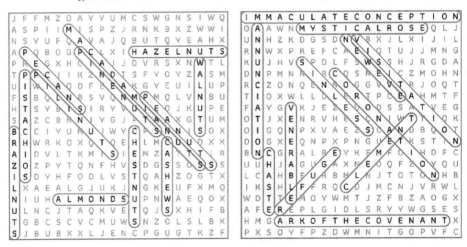

Types of Nuts - Solution

Story of Jesus - Solution

Gift Wrapping - Solution

Christmas Decorations - Solution

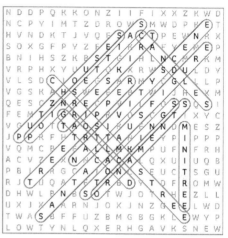

Christmas Songs - Solution

Holiday Weather - Solution

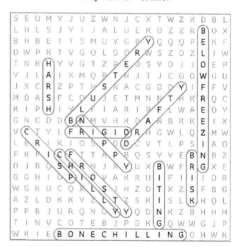

Bundle up - Solution

```
F H M H A U J (S W E A T E R) I H J P I V
Y P R T U Y G U Y R E C S P I K M Y L U
Q S R I C S A J Q L M K O X O U P G H J
K B F G K M C K C I Y G C M G T F A I S
S C R H B C T W A J Z K K S V E H V
T U W T P K Y Q O Z B S E A D N G Z
P R W S E K L O Z U O O V L A X L Q
V Q J L L P T I J Z S L C L T F W G V
X E M Q Q O M D R V E P A U B D D C L P
C (B E A N I E) D J H X L Z O B V E C P A
O L W T O E S O C V A G T P K N P W
B P V A G W L F Q B J F Q K W R F R I Q
A E S M M O D O A (T U R T L E N E C K) P
Y Q L C O M Q Z R L D Y I D G H V R M B
O O I W E P V Q T M Q H T L S D F X M N
V I P W X R Q V C I T L S Y A Z T T R E
Y V P H V L A L D S M Y S Q Q R H U U S
E N E Z A A M Q C Y G A B O D W C L I A
P P R K L A Q B Q X T H D U E F U T K B
V W S D (T H E R M A L U N D E R W E A R)
```

Medium Solutions

Types of Snow - Solution

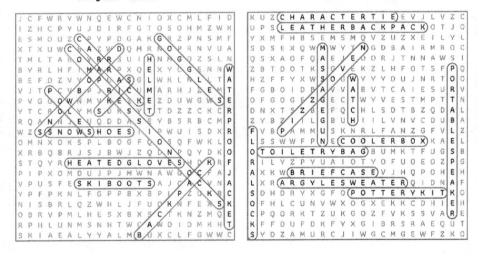

Skiing Gear - Solution

Gift Ideas for Him - Solution

Gift Ideas for Her - Solution

Gingerbread House Decor - Solution

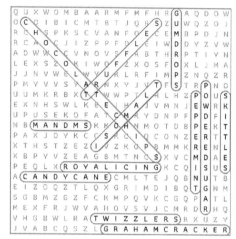

Light - Solution

Christmas Cookies - Solution

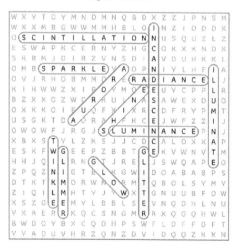

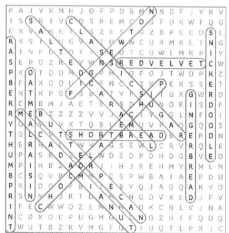

Fireplace - Solution

Baker's Dozen - Solution

Scrooge - Solution

A Christmas Carol - Solution

Holiday Tunes - Solution

Santa's Workshop - Solution

Christmas Feast - Solution

Christmas Morning - Solution

Christmas Gifts - Solution

Ascension of Jesus - Solution

Holiday Pies - Solution

Holiday Drinks - Solution

Christmas Decorations - Solution

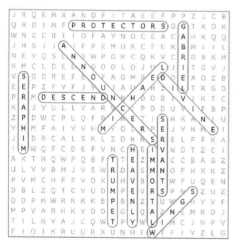

Tree Decorations - Solution

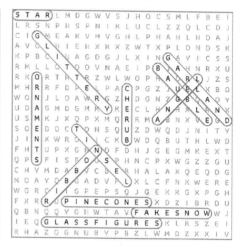

Angels - Solution

Synonyms for Festive - Solution

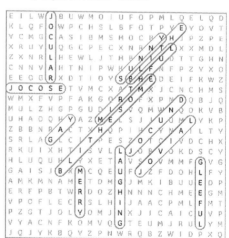

Heaven - Solution

Nutcracker Ballet - Solution

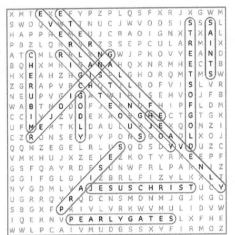

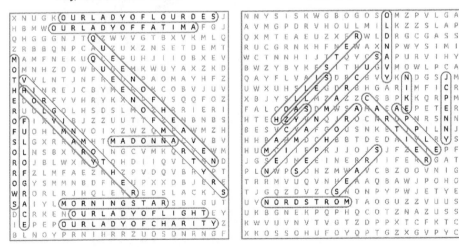

Mary, Mother of Christ - Solution

Shopping Mall - Solution

Santa's Sleigh - Solution

A Visit from St. Nick - Solution

Elf Movie - Solution

Decorations - Solution

Family Dinner - Solution

Holiday Traffic - Solution

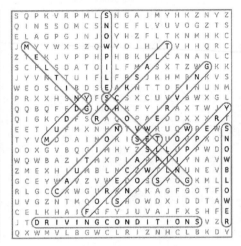

Rudolph - Solution

Difficult Solutions

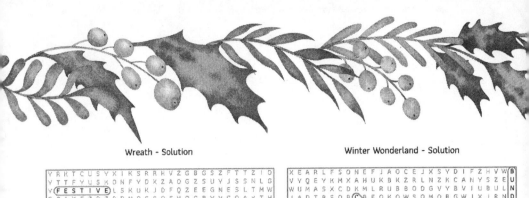

Wreath - Solution

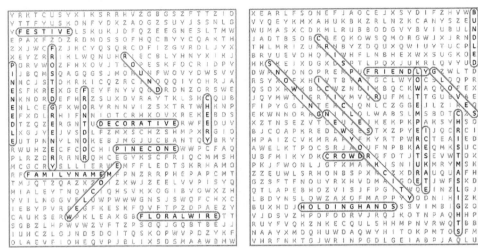

Winter Wonderland - Solution

12 Days of Christmas - Solution

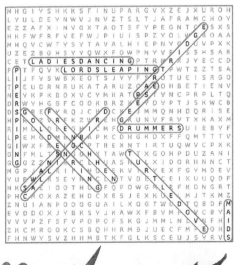

Sledding - Solution

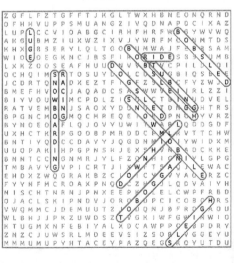

A Charlie Brown Christmas - Solution

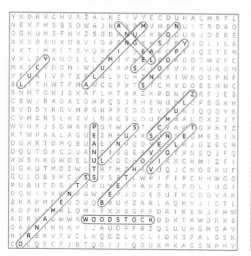

Santa Suit - Solution

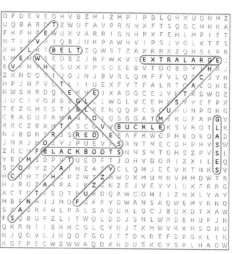

Secret Santa - Solution

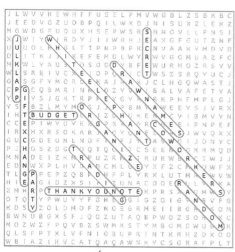

Christmas Photos - Solution

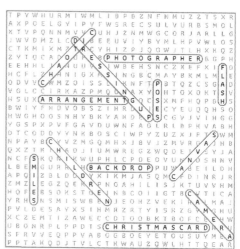

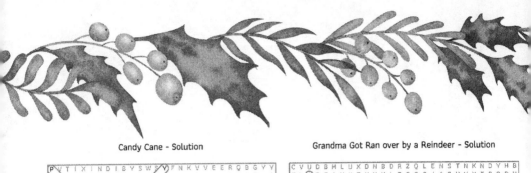

Candy Cane - Solution

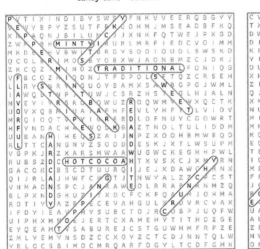

Grandma Got Ran over by a Reindeer - Solution

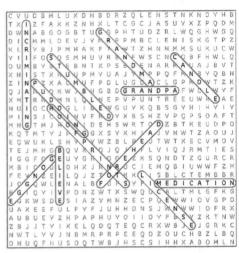

Baking Pie - Solution

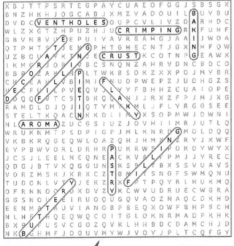

Movie Night - Solution

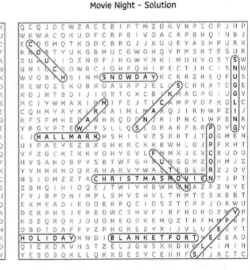

Reindeer - Solution

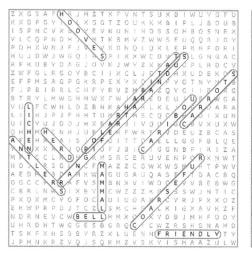

Party Planning - Solution

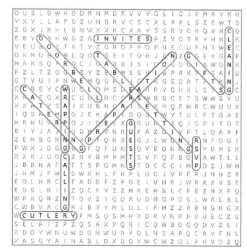

Hot Chocolate - Solution

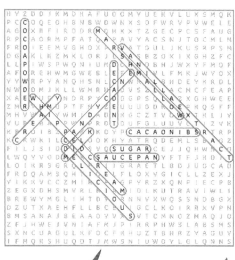

Christmas Ornaments - Solution

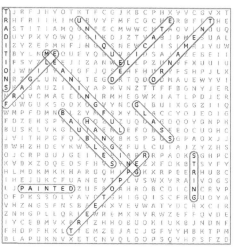

Gift Shopping - Solution

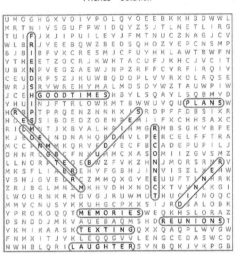

Friends - Solution

Snow Globe - Solution

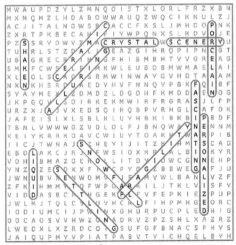

First Snow - Solution

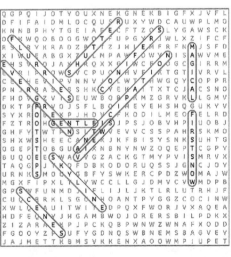

Gingerbread House - Solution

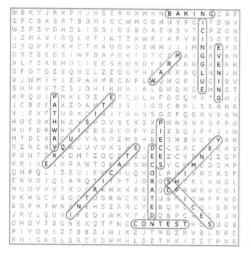

Shopping - Solution

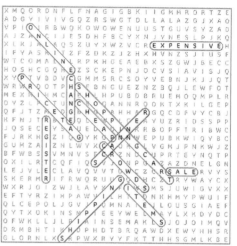

Cookies - Solution

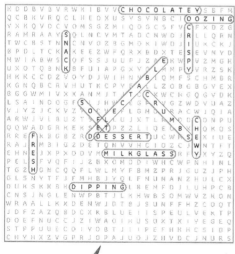

Icicles - Solution

Mrs. Claus - Solution

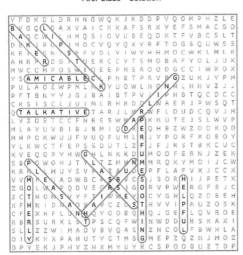

Christmas Lights - Solution

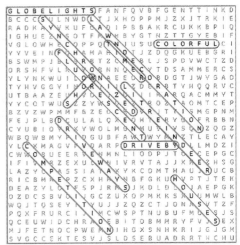

Table Setting - Solution

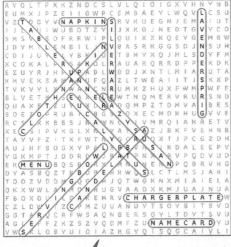

Church - Solution

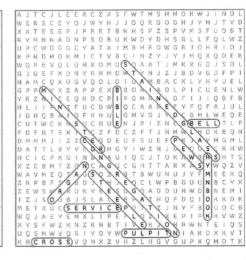

Shipping Gifts - Solution

Knitting Gifts - Solution

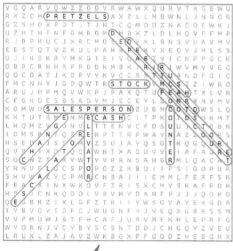

Department Store - Solution

Vacation - Solution

Christmas Desserts - Solution

After Christmas - Solution

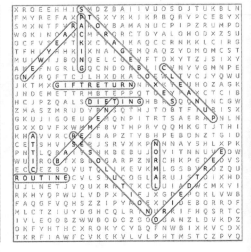

Made in the USA
Columbia, SC
01 October 2023